세상에서 가장 쉬운

4차 산업혁명
100문 100답

세상에서 가장 쉬운

4차 산업혁명
100문 100답

연대성 지음

책들의정원

당신의 질문이
세상을 바꾼다

우리의 삶을 바꿀 권력을
누가 기술의 손에 쥐어주었는가

혹자는 이렇게 말한다. '4차 산업혁명의 개념을 정의하려 애쓰지 마라. 일단 올라타라.' 생존을 위해 트렌드를 좇는 데만 집중하라는 뜻이다. 하지만 나는 이 말에 동의하지 않는다. 새로운 패러다임에 동참하기 이전에 우리가 가져올 세상이 어떤 모습일지 알아야 할 것 같다.

4차 산업혁명은 네 번째로 일어난 산업혁명이다. 이를 둘러싼 이슈를 살피다보면 참으로 요란하다는 생각이 든다. 광고 매체로서의 기능을 갖는 거의 모든 채널에서 4차 산업혁명과는 딱히 연관성 없는 기존 콘텐츠를 4차 산업혁명과 연결시키고 있다. 그렇다면 앞선 세 번의 산업혁명은 어떠했는가. 이 세 번의 혁신은 우리가 숨 쉬는 공간과 주변 풍경, 풍경을 지배하는 사고를 획기적으로 바꾸어놓았다. 우리는 이전에 비해 풍요로운 혹은 삭막한 일상을 얻었다.

여기서 한 가지 질문이 떠오른다. 4차 산업혁명을 이끌고 있는 '기술'에 누가 '자격'을 주었는가 하는 문제다. 인류의 발전 방향과 개인의 생활에 엄청난 영향을 끼칠 이 거대한 권력을 누가 기술의 손에 쥐어주었는가.

나는 디지털을 중심으로 새로운 기술과 그에 따른 문화, 전략을 연구하는 사람이다. 기술이 빠르게 진화할수록 나를 찾는 이가 많아진다. 그러니 4차 산업혁명은 좋은 먹잇감이어야 한다. 그런데 어쩐지 씁쓸하다. 무언가를 놓치고 있다는 생각이 사라지지 않는다.

우리는 왜 새로운 패러다임에 열광하는가. 우리는 4차 산업혁명이 지향하는 바를 어떻게 정의하는가. IT를 기반으로 삼은 모든 혁명, 혁신, 패러다임에는 늘 두 가지 단면이 함께한다. 새로운 세상에 대한 '기대'와 '우려'가 그것이다. 우리는 4차 산업혁명에 어떤 기대를 걸고 있으며, 반대로 무엇을 우려하고 있는가. 우리는 이를 인지하고 있는가. 올바른 인식을 바탕으로 4차 산업혁명을 이끌고 있는 기업에게 '부디 똑바로 하라'고 요구하고 있는가.

어떤 세상에서 살고 싶은지 명확히 그려야 할 때

대부분은 요구는커녕 흐름을 따라가기에도 벅차다고 할 것이다. 그렇다면 이제부터는 소리 높여 이렇게 주장해야 한다. '나에게는 4차 산업혁명이 도대체 무엇인지, 어떤 이유로 내 곁에 오게 되었는지 알 권리가 있다.' 나아가 매일 마주하게 되는 공간의 풍경과 이를 지배하는 사상의 가치를 떨어뜨리는 행위를 멈출 것을 주문해야 한다. 그럴싸한 포장지에 속아 내용물이 무엇인지도 모른 채 받아들이는 우를 범하지 않아야 한다.

그렇다고 해서 내가 4차 산업혁명에 반대나 거부를 표하려는 것은 아니다. 또한 기술 혁신에 앞장서고 있는 기업에 잘못을 전가하려는 의도도 없다. 나는 최전방에 서 있는 혁신가들을 응원

한다. 그들의 노력과 민첩성에 경의와 지지를 보낸다. 그들에게는 잘못이 없다. 잘못은 우리에게 있다. 그러나 우리에게 잘못이 있다고 해서, 우리에게 책임지라고 몰아붙이는 일련의 행위는 매우 곤란하다. 근본적인 문제는 기술이 점점 일반인의 상식 수준을 벗어나고 있다는 점이다. 어떤 세상을 만들어가고 싶은 것인지에 관한 명확한 밑그림과, 이 과정에서 발생 가능한 부작용에 대한 세밀한 검토 없이 무섭게 치고 들어온다.

《세상에서 가장 쉬운 4차 산업혁명 100문 100답》은 우아하게 우리를 몰아붙이는 4차 산업혁명의 본질을 찾아 떠나는 여행이다. 우리에게는 질문할 권리가 있고, 기술은 답변할 의무가 있다. 자, 어떤 질문을 던질 것인가. 앞으로의 여정은 당신의 호기심에 달려 있다. 어디서도 듣지 못했던 명확한 답을 찾기 위해 한 걸음 한 걸음 나아가보자.

2018년 여름
연대성

차례

◎ 들어가기 전에

4차 산업혁명을 향한 질문 100

1부

'콩깍지' 벗고 본 산업혁명

2부

IT 기술이 게임의 규칙을 바꾼다

3부

하나의 유기체로 진화하는 사회

4부

인간과 기술의 공존

4차 산업혁명이라는 용어가 하루가 멀다 하고 매스컴을 뒤덮고 있지만, 정작 그 뜻을 명확히 아는 사람은 흔치 않다. IT의 영역에서 시작해 사회 전반에 손길을 뻗치고 있는 거대한 변화의 물결을 따라잡기 위해 가장 핵심이 되는 100가지 질문을 선별해 답을 달았다. 이 100가지 질문은 서로 독립적인 메시지를 담고 있지만, 어느 하나 완전히 분리되어 있지 않다. 기술과 사회가 상호 연결되어 영향을 주고받으며 발전하고 있기 때문이다.

들어가기
전에

4차 산업혁명을
향한 질문 100

우리가 알아야 할
최소한의 지식

001

4차 산업혁명을 딱 한 문장으로 줄이면?

'IT 발전과 기술 간 융합이 일상에 변화를 가져오는 과정.' 이 한 문장만으로도 충분하지만, 이해를 위해 조금 더 길게 내용을 풀어보자.

4차 산업혁명은 오랜 시간 누적되어 온 개별 IT 수준이 고도화되고, 기술 간의 융합convergence이 일어남으로써 우리의 '일상'에 급격한 변화를 일으키는 현상을 말한다. 2018년 우리는 현실 세계 전반에 디지털이 반영되고, 나아가 디지털 자체가 현실처럼 기능하려는 시대에 진입해 있다. 이는 곧 디지털혁명의 시대다. 블록체인, 빅데이터, 클라우드, 인공지능, 사물인터넷 등이 4차 산업혁명의 대표 기술에 속한다. 위의 개별 기술은 상호 간의 경계를 넘나들며 진화하고 있다. 다양한 매체에서 스마트홈*smart home*, 스마트카*smart car*처럼 '스마트'라는 말로 시작하는 새로운 용어를 접하게 될 때가 있다. 이는 모두 기존 서비스에 이러한 기술이 일부 반영되어 업데이트된 것이다.

002

4차 산업혁명의 밑바탕을 만든 3차 산업혁명은 어떤 모습이었을까?

3차 산업혁명은 20세기 중반에서 21세기 초반에 걸쳐 발생한 사건으로 '아날로그의 디지털화' 그리고 '자동 생산'이 가능해지도록 했다. 국내에 3차 산업혁명이 일종의 메인 프레임으로 등장한 것은 2012년을 전후한 시기다.

　3차 산업혁명은 '공유'를 키워드로 한다. 소유에서 공유로, 경쟁에서 협업으로 경제 구조와 일하는 방식이 변화되기 시작했다. 협업과 공유의 대명사로 종종 거론되는 기업 우버와 에어비앤비 역시 3차 산업혁명에 살을 맞대고 있다.

003

기계와 공장의 시대를 연 1차 산업혁명과 2차 산업혁명의 특징은?

1차 산업혁명은 18세기에서 19세기 중반에 걸쳐 발생한 사회·경제적 변화를 일컫는다. 영국에서 발명된 증기 기관이 기폭제가 되었는데, 면직물 수요가 증가하자 이에 대응하기 위해 기술자이던 제임스 와트*James Watt*가 증기 기관을 개량해 대량 생산을 시작할 수 있게 했다.

산업혁명이라는 용어는 독일 출신의 사회주의 철학자이자 경제학자인 프리드리히 엥겔스*Friedrich Engels*가 저서 《영국 노동계급의 상황》을 통해 처음 언급했다고 알려져 있다. 이후 영국의 경제학자인 아놀드 토인비*Arnold Toynbee*의 책 《18세기 영국 산업혁명 강의*Lectures on the Industrial Revolution of the Eighteenth Century in England*》를 통해 보편화되었다.

그러던 중 19세기 중반에서 20세기 초반에 2차 산업혁명이 일어난다. 이 시기에는 1차 산업혁명과 비교했을 때 기계화가 적용되는 산업 및 국가의 범위가 크게 확대되었다. 먼저 산업 측면에서 철도, 철강, 인쇄, 전기, 통신, 화학, 자동차 등의 기계화가 진행되었다. 국가 측면에서는 미국과 독일이 산업혁명의 주역으로 등장하게 된다. 4차 산업혁명 선도 기업 가운데 하나로 거론되는 미국의 GE 역시 이 시기에 탄생하였다. 2차 산업혁명을 에디슨의 전기 발명이 촉발시킨 '전기혁명'으로 규정하는 시각도 있는데, 이 역시 전력을 동력으로 하는 기계화의 확대와 연결된다. 따라서 2차 산업혁명은 1차 산업혁명에 비해 조금 더 넓은 범위의 산업 및 국가에서 기계화를 통한 대량 생산이 시작된 시기로 정의할 수 있다.

004

4차 산업혁명에서 핵심이 되는 기술은 무엇일까?

4차 산업혁명을 규정하는 핵심 기술은 '누가 언제 어떤 목적으로' 선정하는지에 따라 달라진다. 4차 산업혁명이란 용어를 세상에 알린 2016 세계경제포럼*World Economic Forum*에서는 7대 혁신기술을 정의했는데, 그 결과는 다음과 같다.

· 사물인터넷
· 사물의 디지털화
· 웨어러블 인터넷

· 블록체인

· 빅데이터

· 디지털 헬스케어

· 컴퓨터 사용 능력과 저장 접근

국내 특허청의 경우 '인공지능, 사물인터넷, 3D프린팅, 자율주행차, 빅데이터, 지능형로봇, 클라우드' 분야를 4차 산업혁명의 7대 기술로 규정하고 관련 기술 특허 등록에 관한 새로운 체계를 마련한 바 있다. 이 중 사물인터넷과 인공지능의 경우 어느 나라, 어느 기관에서 선정한 목록에서도 빠지지 않고 등장하고 있다.

005

비트코인에 사용되었다는 기술, 블록체인은 어떻게 작동할까?

국내에서는 2017년 비트코인 열풍과 함께 주목받기 시작한 블록체인 기술. 이 기술은 거래 데이터의 안전성을 강화하는 방법을 말한다. (지향점은 안전성을 담보하는 데 있다.) 블록체인 기술은 화폐가 거래되는 과정에서 '제3자인 중앙 서버' 대신 실제 거래 당사자인 '이용자들의 컴퓨터'가 거래의 안정성을 교차 검증하도록 지원한다.

개별 컴퓨터는 안전한 거래를 위해 주어진 역할을 수행하며, 거래 당사자 간의 신뢰 자체를 함께 만들고 공유하게 된다. 돈의 흐름을 중개하고 인증하는, 은행과 같은 중앙 기관의 역할을 불특정 다수가 나누어 수행하게 되는 것이다. 쉽게 표현하자면 기존에는 모두가 중앙으로 모이면 중앙에서 전체를 통제하던 시스템이 각자의 위치에서 서로 검증하는 시스템으로 바뀐다고 할 수 있다.

블록체인 시장의 최근 특징은 무엇인가?

암호화폐 거래 기반 기술로써 등장한 블록체인이 이번에는 '비즈니스 플랫폼'으로써 다시 인사하고 있다. 대표적으로 콘텐츠 유통 기능을 담당하던 기존 플랫폼(포털, SNS 등)의 콘텐츠 생산자들에게 보상(리워드)을 제공하거나, 기존 미디어(언론 매체)에서 생산하던 뉴스를 구독자와 함께 생산하는 플랫폼 등이 있다.

국내에도 10여개 이상의 업체가 등장해 시장을 형성하며 경쟁 단계에 돌입했다. 이들은 모두 블록체인의 기본 철학인 '탈중앙화와 상호작용, 그리고 거래 투명성의 제고'라는 범주 안에 있는 것들이다.

007

**중앙집중형 시스템을 대체할 것으로 주목되는 블록체인 기술에 단
점은 없는가?**

블록체인은 중앙집중형 거래와 통제의 탈피, 거래 및 물류 유통
과정의 효율성 및 투명성 제고 측면에서 획기적인 기술로 평가된
다. 다만 누구든지 실명이 아닌 익명으로 거래 과정에 참여 가능
하므로 거래 조작의 가능성을 완전히 배제할 수 없다. 또한 실수
로라도 한 번 완료된 거래에 대해서는 취소가 어려운데, 연결된
모든 거래 정보를 수정해야 하기 때문이다.

하지만 블록체인 자체는 단점보다 장점이 더욱 명확히 드러나
는 영역이므로 거래 투명성이 요구되는 '기존 시스템의 보완재'로
써 접근하다면 기업 비즈니스 및 개인의 일상에 이롭게 쓰일 수
있을 것이다.

008

사물인터넷이 현실과 가상의 장벽을 무너뜨린다?

사물인터넷*IoT, Internet of Things*은 '사물'에 '인터넷'이 연결되어 새로

운 서비스가 기능하도록 하는 기술을 말한다. 이때 사물은 자동
차나 백색가전, 숟가락, 젓가락처럼 말 그대로 모든 사물을 뜻하
며, 우리가 실제로 만질 수 있는 '현실'을 의미한다고도 볼 수 있
다. 한편 인터넷은 유무선 네트워크가 연결해주는 또 다른 세상,
즉 '가상'을 상징한다. 따라서 사물인터넷은 현실과 가상의 융합
이라고도 해석할 수 있다. 스마트홈, 스마트카, 스마트의류, 웨어
러블 디바이스*wearable device* 등이 넓은 의미에서 사물인터넷 범주
에 들어간다.

009

그럼 만물인터넷과 소물인터넷은 무엇일까?

사물인터넷은 관점에 따라 만물인터넷 또는 소물인터넷으로 불
리기도 한다. 만물인터넷*IoE, Internet of Everything*은 사물인터넷이라는
용어에 '사람과의 연결' 그리고 '데이터와 프로세스의 연결'이 배제
되었다는 점을 지적하며 이들을 모두 담기 위해 등장한 용어다.

한편 소물인터넷*IoST, Internet of Small Things*은 인터넷에 연결되는
모든 사물이 반드시 초고속 네트워크나 높은 사양*spec*, 거대 비용
투자를 필요로 하는 것은 아니라는 점에 착안한 기술 용어다. 인

터넷에 연결된 사물 가운데 발생하는 데이터의 양이 많지 않은 상품과 서비스가 소물인터넷에 해당된다. 발생 데이터의 양이 많지 않으므로 작은 크기, 적은 전력, 적은 비용으로도 이용 가능하다. 대표적인 소물인터넷 상품으로는 스마트워치 및 헬스케어 밴드, 무게 및 위치 측정 센서가 내장된 여행용 캐리어 등이 있다.

010

사물인터넷 이전의 서비스, M2M?

M2M(*machine to machine*, 사물지능통신)은 2000년대 후반의 사물인터넷을 말한다. 지금의 사물인터넷에 비해 연결의 대상과 범위 측면에서 좁은 의미를 갖고 있었다.

PDA를 통한 주차관리 서비스나 전자태그통신*RFID* 네트워크를 기반으로 한 쓰레기 분리수거 등이 M2M의 대표 사례다. 이동통신사와 몇몇 IT 기업에서는 M2M 사업부를 별도로 운영했으며, 당시 M2M을 담당하던 인력이 현재는 사물인터넷 담당자로 상당수 자리를 옮기기도 했다.

011

빅데이터가 점차 중요해지는 까닭은?

빅데이터*big data*는 모바일 시대를 기점으로 기존 데이터의 양이 늘어나며 만들어진 큰*Big* 데이터*Data*다. 이는 규모라는 측면에서 살펴본 설명으로써 흔히 접하게 되는 '빅데이터'라는 말의 의미이기도 하다.

그런데 빅데이터는 규모 외에도 기존의 데이터에 비해 달라진 점이 있다. 데이터 생산 속도가 더 빨라졌으며, 데이터 유형 측면에서도 더 다양해졌다. 일상에서 이용하는 스마트폰이나 웨어러블 디바이스, 혹은 자동차 부속 장치를 인터넷에 연결시킨 커넥티드카*connected car* 서비스 등은 모두 빅데이터를 형성하는 미디어로써 기능한다.

012

클라우드와 빅데이터는 어떤 관계에 있을까?

클라우드*cloud*란 하늘 위에 떠 있는 구름처럼 손에 잡을 수 없는 공간을 통해 제공되는 서비스를 말한다. 많은 사람이 매일같이 이용하고 있으면서도 선뜻 정의하기는 어려운 그것이다. 우선 유무선 네트워크의 속도가 빨라지며 대용량 데이터를 손쉽게 전송할 수 있게 되었다. 과거에는 인터넷으로 영화 한 편을 다운로드하기 위해 몇 시간 이상이 걸렸다. 이제는 몇 분이면 충분하다. 그러자 눈에 보이지 않는 구간을 통해 데이터를 송수신하고 관리하려는 시도가 등장했다.

포털과 이동통신사 등의 개인 데이터를 관리해주는 서비스 역시 클라우드 컴퓨팅에 기반을 두고 있으며, 세계적 업체로는 구글, 애플, 아마존, IBM, 마이크로소프트 등이 있다. 클라우드 서비스는 이용자의 컴퓨터에 소프트웨어나 애플리케이션을 설치하고 유지 및 관리를 해야 할 필요성을 없애준다. 인공지능이나 증강현실처럼 4차 산업혁명 속 핵심 기술이 보편화된다면 우리는 클라우드 서비스를 더욱 자주 사용하게 될 것이다. 처리해야 할 데이터가 폭발적으로 늘어나는 환경, 즉 빅데이터의 영향력이 커지는 환경에서 기기에 내장된 장치 성능만으로는 서비스를 원활히 활용하기 어렵기 때문이다.

013

'알파고'는 어떻게 그리 똑똑할까?

머신러닝*machine learning*이라는 기술이 있다. 머신(기계)에 다양한 값을 입력해서 스스로 러닝(학습)하게 만들어 우리에게 필요한 답을 기계가 알아서 찾도록 하는 기술을 말한다. 인공지능의 발전 속도를 전 세계에 알린 알파고는 늘 머신러닝이라는 말과 짝을 지어 언론에 보도되고는 했다. 알파고는 인간과의 바둑 대결을 위해 수많은 값을 입력받고, 스스로 학습해 결과를 이끌어냈다. 기본적으로 사람이 기계에 지식(문자, 이미지, 음성, 대화, 통계 지표 등)을 입력하면 기계는 이 지식을 확장한다. 이를 통해 사람의 수고(생각하거나 사고하는 시간)를 덜어주는 것이 머신러닝의 목표다.

014

페이스북이 공개한 얼굴 인식 기능도 머신러닝의 결과일까?

딥러닝*deep learning*은 일반적으로 머신러닝의 하위 갈래로 분류되며, 스스로 데이터의 내용을 인지하고 판단하도록 만들어주는 인공지능 기술을 말한다. 데이터를 분류하고 예측, 판단하는 과정에서 주로 사용되며 이 과정에서 인공지능의 입력층과 출력층 사이에 연결층(중간층)을 삽입해 다양한 입력 값과 상황에 맞는 사고를 할 수 있도록 해준다. 얼굴 인식 기능으로 환제를 모았던 페이스북의 딥 페이스Deep Face, 동물의 견종까지 구분 가능한 마이크로소프트의 프로젝트 아담Adam 등이 딥러닝의 대표 사례로 꼽힌다.

015

3D 프린터로 무엇을 만들 수 있을까?

우리가 직장이나 가정에서 사용하는 일반적인 프린터가 입력된 값을 잉크와 종이로 출력해낸다면, 3D 프린터는 3차원 설계도에 따라 입체 조형물을 출력하는 장비다. 칫솔처럼 작은 소비재, 조금 더 복잡한 구조인 신발은 물론 자동차 부품까지도 전부 3D 프린터로 제작 가능하다.

016

4차 산업혁명과 인더스트리 4.0은 다른 개념인가?

인더스트리 4.0은 독일의 제조업 혁신 로드맵이다. 공장의 생산 시설을 포함한 제조업 분야를 혁신하는 데 IT 기술을 이용하는 것에 방점을 찍고 있으며, 최대한의 생산 자동화를 지향한다. 국내에서는 4차 산업혁명이라는 용어가 퍼지기 전에 인더스트리 4.0이라는 말로 3차 산업혁명 이후 나타날 새로운 패러다임을 정의하기도 했다.

017

4차 산업혁명이 '스마트 팩토리'를 부른다?

독일의 인더스트리 4.0과 더불어 스마트 팩토리*smart factory*는 4차 산업혁명에 근접한 개념을 한국에 알리는 데 큰 역할을 했다. 스마트 팩토리는 지능화·자동화된 기계를 통해 스스로 판단하고 생산하는 공장을 의미한다. 업계 일각에서는 이를 ICBM(사물인터넷, 클라우드, 빅데이터, 모바일) 기술의 결정체이자, 가장 현실성 높은 4차 산업혁명의 산물로 보기도 한다.

018

디지털 제품에 아날로그 감성이 담긴 이유는?

디지털 휴머니즘*digital humanism*은 디지털 비즈니스의 중심에 기술이 아닌 사람이 위치해야 한다는 점을 강조하는 주장이다. 기술을 위한 사람이 아닌, 사람을 위한 기술을 뜻한다. 이는 2000년대 후반을 전후해 해외를 중심으로 연구되기 시작했다. 현재는 디지털 휴머니즘이 기업의 디지털 전략에 높은 관여도를 가져가지 못하고 있으며, 개별 디지털 신제품이나 콘텐츠에 아날로그적 감성을 담는 방식으로 구현되고 있다. 시계 바늘 디자인을 입힌 스마트워치, 필름카메라 느낌의 사진 촬영이 가능한 스마트폰 앱 등이 여기에 해당된다.

019

4차 산업혁명 시대의 상식적 용어, 디지털이란?

디지털은 모든 속성과 정보의 값이 0과 1로 저장되고 다시 이를 통해 표현하는 것을 말한다. 즉, 모든 디지털 콘텐츠는 0과 1의 나열이다. 4차 산업혁명 시대의 디지털은 IT 기술을 통해 구현되는 인터넷 공간에서의 서비스와 비즈니스를 포함하는 의미로 사용되며, 우리는 이를 디지털 혁명이라고 부른다.

020

4차 산업혁명에 관한 용어 논란은 왜 발생하는가?

경제, IT 기술 모두에서 선진국으로 평가되는 미국, 독일, 일본 등에서 4차 산업혁명이라는 용어를 공식적으로 사용하지 않기 때문이다. 독일은 '인더스트리 4.0', 미국은 '첨단 제조', 일본은 '로봇신성장전략', 네덜란드는 '스마트 인더스트리'라는 용어가 좀 더 보편적으로 통용되고 있다. 그러나 모든 국가에서 새로운 패러다임에 진입해 있음을 인정하는 것만은 분명하다.

한편 이러한 변화 자체를 부정하는 것은 사실 어리석다. 특정 명망가의 의견이나 특정 국가의 드라이브 정책 때문이 아니라, 산업혁명 앞의 숫자가 업그레이드되는 것은 매우 흥미로운 지점이기 때문이다. '3차'에서 '4차'로 넘어온 것은 나쁠 것이 전혀 없는 변화와 도전을 의미한다. 예를 들어 윈도우 운영체제를 떠올려보라. 버전을 의미하는 숫자가 바뀐다면 실제 어떤 내용이 어떻게 달라지며, 그로 인해 내가 주로 이용하는 서비스에 악영향은 없는지 우리는 무척 흥미롭게 지켜본다. 변화 자체를 놓고 갑론을박하는 것보다는, 변화의 장단점을 사람 중심 관점으로 냉철하게 바라보는 자세가 필요하다. 기본적으로 모든 IT 기술에 있어 숫자는 높아질수록 좋은 것이며, 실제 사람 혹은 약자에게 이로운 것인가는 전혀 다른 영역이다.

021

아날로그는 자취를 감추게 될 것인가?

아날로그란 자연 그대로의 모습 혹은 이를 재현한 것을 말한다. 디지털시계와 모래시계를 함께 떠올리면 이해가 쉽다. 4차 산업혁명 시대의 아날로그는 현실 세계와 이용자(사람)를 아우르는 집합적인 의미로도 사용되며, 과거나 추억 등 인간이 가지는 특유의 감성을 포함한다.

디지털 시대에 아날로그를 추억하는 것은 디지털 자체가 마치 아날로그처럼 보이려 하는 현상에 대한 우려가 반영된 것이다. 이는 디지털이 가져올 편리함은 편리함대로 누리면서도 당시에는 미처 몰랐던 아날로그가 제공하던 익숙함과 따뜻함은 유지하려는 습성에서 나온다. 사물인터넷이 적용된 고층 아파트로 이사한 주민이 낡고 오래된 한옥마을을 재미삼아 여행하고, 메신저와 챗봇에 열광하는 가운데 폰 포비아(*phone phobia*, 전화울렁증)가 가져오는 정서적 유대감의 단절을 아쉬워한다. 우리는 IT 기술이 만들어낼 미래를 동경하고 쫓으면서도 한편으로 두려워한다. 지난 수십 년간 디지털과 IT가 걸어온 역사는 기술과 비즈니스가 고도화될수록 아날로그를 추억하는 아이러니가 반복되는 과정이라고도 할 수 있다.

022

전문가들이 '4차 산업혁명이 진행되는 속도가 무척 빠를 것'이라고 주장하는 까닭은?

크게 두 가지 이유가 있다. 첫째, 진행 속도가 무서울 만큼 빠른 것으로 인식되어야 개별 이해관계자(기업, 기관, 연구소, 기타 단체)의 비즈니스가 탄력을 받을 수 있기 때문이다. 여기에는 소위 지식인으로 불리는 것을 즐기는 집단 계층도 포함된다. 둘째, 모든 IT 기술은 오랜 시간 누적되고 진화되어온 것으로 특정 시점에 탄력을 받게 된다. 어느 순간 눈 떠보니 새로운 세상이 열려 있는 것처럼 느껴지지만 사실 완전히 새로운 것은 단 하나도 없다. 4차 산업혁명 시대를 하필 지금 말하게 된 것은 사물인터넷, 인공지능, 빅데이터 등의 기술 요소가 어느 정도 무르익은 시점이며 나아가 실제 상용화 가능한 환경이 구축되었다고 바라보기 때문이다.

023

4차 산업혁명의 이슈 지수와 실제 체감 지수가 다른 이유는?

4차 산업혁명이라는 키워드는 그것이 전파되는 속도와 기업의 비즈니스 현장 및 일상에서 느끼는 체감 속도가 확연히 다르다. 이는 개별 이해관계자가 그들이 추진하는 비즈니스를 모두 4차 산업혁명이라는 프레임에 편입시켜 전개하고 있는 것으로부터 기인한다. 다양한 매체로부터 쏟아지는 4차 산업혁명에 관한 데이터는 엄청나다. 매일 같이 4차 산업혁명에 관한 새로운 듯 새롭지 않은 소식들이 쏟아져 나온다.

반면 4차 산업혁명은 개별 이해관계자 혼자서 진행할 수 있는 것이 아니다. 예를 들어 인공지능 솔루션을 개발해서 서비스하기 위해서는 빅데이터, 사물인터넷, 클라우드 등의 기술이 직간접적으로 관여된다. 각 기술을 들고 있는 기업의 개발 수준이나 시장 환경 및 이해관계 역시 제각각이므로 실제 비즈니스 현장에서 이를 구현한다는 것은 말처럼 쉽지 않다. 따라서 4차 산업혁명의 이슈 지수와 실제 우리의 일상에서 체감 가능한 속도 간에는 확연한 차이*gap*가 존재할 수밖에 없다.

024

2018년은 4차 산업혁명의 준비 단계인가, 아니면 이미 상당 부분 시작된 시점인가?

4차 산업혁명이 이미 시작되었음을 부정하기는 어렵다. 불과 1년 전인 2017년만 하더라도 챗봇, 인공지능 스피커 등을 일상에서 만나기 어려웠다. 하지만 2018년이 되자 상황이 바뀌었다. 얼마 전 대학에서 강의를 하던 중 한 남학생이 인터넷에 연결된 마이크를 들고 와서 이야기하는 풍경을 접했다. 짐짓 모르는 척하며 '그게 뭐냐'고 물었더니 "사물인터넷 디바이스요. 폰으로 연결해서 음악을 틀고 제어할 수 있어요"라는 답을 들었다. 이뿐만이 아니다. 이처럼 이전에는 없었던, 깜짝 놀랄만한 모습이 벌써 우리 곁에 와 있다.

025

한국의 4차 산업혁명은 어디까지 와 있을까?

한국은 2017년 하반기 대통령 직속 4차 산업혁명위원회를 설립하고, 미래부, 산업부, 국토부, 복지부 등의 범부처 4차 산업혁명 대응 추진계획을 수립하여 4차 산업혁명에 대응하고 있다. 삼성전자, 현대기아차, LG전자 등 전통적 제조사는 사물인터넷과 자율주행차 분야에서, SK㈜C&C, LG CNS, 삼성SDS 등 전통적 B2B 개발사는 인공지능 플랫폼 분야에서 두각을 나타내고 있다.

대한무역투자진흥공사가 2018년 3월 내놓은 〈4차 산업혁명 관련 신산업 해외 경쟁력 설문조사 분석〉 보고서에 따르면 한국의 4차 산업혁명 수준은 미국, 독일, 일본 등 주요 선진국에 비해 뒤쳐져 있는 것으로 확인되었다. 반면 중국보다는 높은 경쟁력을 유지하고 있지만 중국이 드론과 자율주행차 등 몇몇 신사업 영역에서 한국과의 격차를 줄이고 있는 것으로 보고되었다. 또한 한국의 4차 산업혁명 수준은 자율주행차, 사물인터넷가전 등 12개 신산업 분야에 걸쳐 전반적인 품질·기술력에 대한 평가 점수가 다른 항목에 비해 높은 반면, 고객관리 및 합리적 가격에 대한 평가는 낮은 수치를 보이고 있다.

026

4차 산업혁명에서 가장 앞서 있는 국가는?

일반적으로 독일이 가장 앞서 있는 것으로 평가된다. 국내에서 쓰고 있는 용어인 4차 산업혁명은 2013년을 전후해 독일의 '인더스트리 4.0'에 영향을 받아 시작된 것이기도 하다. 독일의 인더스트리 4.0은 정부 주도 하에 진행되고 있으며, 전통적 제조업 인프라와 IT 기술을 접목하는 것에서 탁월한 역량을 발휘하고 있다.

027

4차 산업혁명 시대에 등장한 범죄는 없을까?

4차 산업혁명 시대에 발생 가능한 범죄 유형은 그 이전 시대와 크게 다르지 않다. 기업과 국가를 대상으로 하는 개인정보 탈취처럼 총과 칼을 들지 않은 대규모 사이버 범죄가 대표적이다. 다만 이전 시대의 사이버 범죄가 가상의 공간에서 일어나고 확장되었다면, 4차 산업혁명 시대에는 실제 현실 공간으로 연결될 수 있다는 차이가 있다.

이는 인터넷과 연결된 현실에서의 재앙을 말한다. 가정 내 가

전제품, 스스로 주행하는 자동차 등의 기기 오작동이나 누군가의
의도적인 조작 가능성을 내포하고 있다.

028

원하지 않는다면, 개인이 4차 산업혁명을 피할 수 있을까?

4차 산업혁명은 디지털 혁명이다. 디지털은 가상의 공간으로부
터 출발해 현실로 밀고 들어오는 거대 물결*big wave*과 같다. 밀고
들어오는 물결은 언제, 어디서, 어떻게 시작될 것이라고 친절히
알려주지 않는다. 따라서 4차 산업혁명은 회피할 수 있는 성질의
것이 아니다. 다만 그 물결이 언제, 어디서, 어떻게 시작되어 우
리의 일상에 영향을 미치게 될 것인지는 그 출발 지점과 과거의
패턴으로부터 예측이 가능하다. 댐을 쌓아서 물을 막고, 때로는
댐을 개방해서 물을 밀어내는 것은 사람의 역할이다. 4차 산업혁
명 역시 우리의 관심과 요구를 통해 최대한 인간에게 이로운 방
향으로 이끌 수 있다. 가만히 바라보기만 하면 사람이 기술을 쓰
는 것이 아니라, 기술이 사람을 쓰게 될 것이다.

SF 영화 속 장면이
나의 일상에서 구현된다

029

아이언맨의 '자비스'처럼 나도 인공지능 비서와 일하게 될까?

인공지능 비서란 사람과 기본적인 의사소통이 가능한 인공지능 기술이 탑재된 서비스 혹은 상품을 말한다. 예를 들어 디지털 TV 는 인공지능 기술을 탑재해서 사람의 음성을 인식하고 그에 반응 한다. 현재는 주로 모바일 메신저에 탑재되어 있는 챗봇(*ChatBot*, 채팅이 가능한 로봇, 즉 인간과 대화가 가능한 인공지능)이 인공지능 비서의 대표 주자 다. 챗봇과 같은 인공지능 비서는 웹*web*에서 앱*app*으로, 그리고 이 제는 봇*bot*으로 새로운 패러다임을 이끌고 있다.

인공지능 스피커는 어떤 일을 도와줄까?

인공지능 스피커는 무게가 1킬로그램이 안 되는 가볍고 예쁘며 마이크 기능이 내장된 '인터넷 연결 스피커'다. 여기에 인공지능이라는 용어가 덧칠해져 있다. 국내외를 막론하고 대부분의 인공지능 스피커는 한화 기준 10만 원 초반대의 가격대를 형성하고 있다. (특정 서비스 이용권을 구매하면 무료로 제공되기도 한다.) 스피커라는 형태를 가지고 있으므로 오디오로 제공 가능한 콘텐츠를 기본적으로 이용할 수 있다. 침대에 편히 누워서 "오늘 신곡을 틀어줘"라거나 "오늘 날씨 알려줘"라고 음성으로 명령을 내리면 그에 맞는 정보를 얻을 수 있다.

지금은 이와 같은 간단한 정보 검색과 예약 기능 등이 가능한 수준이며, 앞으로의 관건은 얼마나 많은 콘텐츠가 추가되느냐와 음성 인식률이 얼마나 높아질 것인가 하는 문제다. 디지털 광고와 커머스 시장에서 인공지능 스피커를 눈여겨보고 있으므로, 콘텐츠와 서비스는 지속적으로 늘어날 것으로 예상된다. 광고와 커머스, 광고와 콘텐츠, 그리고 콘텐츠와 커머스는 모두 한 몸처럼 움직이는 것들이기 때문이다.

031

인간 수준을 가진, 혹은 인간을 초월한 인공지능이 나타날까?

인간과 거의 유사한 지능 수준을 기술로 구현하는 것을 강인공지능_strong AI_이라고 한다. 인공지능을 소재로 한 영화에서 자주 등장하는 모습들이 바로 여기에 해당한다. 인공지능은 본래 강인공지능을 목표로 시작되었으며, 이 목표는 현재에도 유효하다. '인류가 기계와 경쟁하게 될 것'이라거나 '기계가 사람을 지배하게 될 것'이라는 문구는 결국 강인공지능을 염두에 둔 가정이라고 봐도 좋다.

032

이미 생활에 들어와 있는 인공지능은 뭐라고 부를까?

약인공지능_weak AI_이라고 하며, 이는 사람이 하던 일을 일부 대체하는 것을 목표로 한다. 인공지능 스피커와 챗봇 등 현재 우리 일상에 진입해 있는 다양한 인공지능, 서비스 분야나 및 생산 분야에서 사용되는 인공지능은 모두 약인공지능이다.

033

로봇이 내 말의 문맥까지 이해한다고?

'맥락'을 영어로는 컨텍스트 _context_ 라고 한다. '인간의 컨텍스트 파악을 통해 응답하는 인공지능'이라는 광고 카피는 다시 말해 기계가 대화의 앞뒤 맥락까지 인식할 수 있다는 뜻이다. "참 잘했다"라는 문장만 놓고 보면 정말로 훌륭한 일을 했다는 칭찬인지, 혹은 비난하기 위해 사용한 반어법인지 구분이 불가능하다. 참고로 컴퓨터 코딩 분야에서는 컨텍스트가 '애플리케이션의 모든 데이터 사이의 관계를 파악하는 것'을 의미하기도 한다.

034

인공지능이 인간의 통제를 벗어나는 날은 오는가?

글로벌 정보보호 지침 가운데 하나인 유럽연합의 정보보호규정 _GDPR_ 에서는 인공지능에 관한 설명 요구 권리 _right to explanation_ 를 명시하고 있다. 인공지능이 사용하게 될 데이터와 인공지능이 제공하게 될 데이터를 투명하게 관리하고, 기업의 인공지능 윤리를 규제함으로써 설명 가능한 인공지능 _explainable AI_ 을 요구하는 것이다. 유럽 연합의 정보보호규정 외에도 인공지능의 통제 가능성에 관한 연구는 국내외를 막론하고 활발히 이뤄지고 있다. 이러한 규제와 관련된 연구 등은 모두 인간의 통제 속에 기능하는 기술을 만들기 위한 과정이다. 이는 인간과 기계의 대립이 아닌, 인간을 위한 기계의 쓰임을 지향한다.

035

금융은 필요하나 은행은 필요하지 않다?

IT 기술은 금융 분야에서도 혁신을 가져오고 있다. 이를 핀테크(금융(finance)과 기술(technology)이 더해진 용어)라고 한다. 빌 게이츠*Bill Gates*는 "금융은 필요하나 은행은 필요하지 않게 될 것"이라고 말했는데, 이를 실현하는 과정에 사용될 핵심 기술이다.

1990년대를 떠올려보자. 고객은 자신의 생활 거점을 기반으로 은행점포를 찾았다. 그러나 2000년대 이후에는 ATM과 스마트폰이라는 무인 단말기가 보급되는 시대가 왔다. 앞으로는 무인점포가 더욱 늘어나며, 기존 은행의 온라인 채널과 인터넷전문은행의 활성화 그리고 은행 거래가 가능한 디지털 키오스크처럼 고객과 은행이 직접 얼굴을 맞대지 않고 거래할 수 있는 비대면 채널이 확산되는 방향으로 금융 비즈니스 패러다임이 변할 것이다.

036

핀테크의 보안 시스템은 어떤 형태일까?

핀테크 보안의 핵심 기술 가운데 FIDO*fast identity online*라는 것이 있다. 이는 지문이나 목소리 등 생체 정보를 인식하고 활용하는 인증 시스템으로, 아이디와 패스워드에 기반을 둔 기존의 인증 시스템보다 진일보했다고 평가받는다. 지금도 국내외 다양한 모바일 간편결제 시스템 및 은행권 앱 등에 적용되어 있는데, 주기적으로 비밀번호를 바꾸고 이를 암기해야 했던 불편함에서 벗어날 수 있다는 장점이 있으며, 특히 타인이 인증 시스템을 뚫기 어렵다는 점에서 핀테크 보안의 핵심 동력으로 평가받고 있다.

037

자동차가 알아서 운전하는 시대는 언제 올까?

자율주행차란 사람의 조작 없이 스스로 운행 가능한 자동차를 말한다. 무인자동차와 같은 의미며, 스마트카의 범위에 포함된다. 현재는 무인자동차의 전 단계인 커넥티드카가 시장의 축을 담당하고 있다.

사람 없이 달리는 자동차가 실제로 등장하려면 자동차 자체의 변화만큼이나 도로 시스템이 발전해야 한다. 이는 사회적 동의를 필수로 얻어야 하기에 관련 업계에는 무인자동차 도입 시점을 최소 2020년 이후로 보는 중이다.

무인자동차에는 반드시 따라 붙는 이슈가 있다. 교통사고다. 무인자동차가 다른 차와 충돌한다면 이는 운전자의 책임일까, 아니면 차량 제조사의 책임일까? 또한 무인자동차가 탑승자와 보행자 중 한쪽의 생명만 보호할 수 있는 상황에 처한다면 누구의 생명을 우선시해야 할까? 이는 복잡한 딜레마다. 한편, 지난 2018년 3월 미국 애리조나에서 우버 자율주행차의 시험운행 도중 보행자 사망 사고가, 2018년 5월에는 미국 캘리포니아에서 자율주행 기능이 탑재된 테슬라의 자동차가 경로를 이탈해 운전자가 사망하는 사건이 일어나기도 했다.

038

자율주행차 이전 단계라고 불리는 커넥티드카의 현주소는?

커넥티드카는 인터넷이라는 수단을 통해 자동차와 그 주변의 공간을 연결하는 것을 말한다. 예를 들어 자동차와 주유소를 떠올려보자. 자동차가 주유소에 들어가 기름을 채우기만 해도 별도의 결제 과정 없이 자동 지불을 마칠 수 있다. 이를 커넥티드카 커머스라고 부른다. 또한 커넥티드카와 집을 묶어서 상상해보자. 내집 차고에 자동차를 세우기만 해도 집 안에서 주차 현황을 모니터링하고, 외출 전에는 차량을 대기시키는 일이 가능해진다. 현재는 구글의 안드로이드 오토*android auto*, 애플의 카플레이*car play* 등 차량용 인포테인먼트*InfoTainment* 플랫폼이 일부 차량에 탑재되었다. 이는 자동차의 소프트웨어 기능 강화, 즉 움직이는 스마트폰이 될 수 있음을 의미한다. 2018년 7월 국내에 출시된 안드로이드 오토의 경우 카카오 네비게이션을 기본 탑재하고 있으며, 국내 포털 및 이동통신사 등의 인포테인먼트 플랫폼의 경우 가까운 시기에 출시 가능할 것으로 예상된다. 이와 관련된 시장은 비교적 장시간에 걸쳐 서서히 확대될 전망이다.

039

집 밖에서 거실 에어컨을 작동시키는 '스마트홈'을 도입하려면 해결되어야 할 가장 큰 문제는?

스마트홈이란 IT 기술을 집에 적용해 기존 가전제품을 이전보다 편리하게 관리하는 방식을 말한다. 스마트폰으로 냉난방을 제어하고 실내 온도를 조절하며 출입문을 열고 닫는 풍경이 대표적이다. 문제는 비용이다. 집안 구석구석을 마치 컴퓨터처럼 인터넷에 연결하려면 우리는 새로운 통신 서비스에 가입해야 한다. 지금의 휴대전화 요금처럼 스마트홈 패키지 요금이 신설되거나 각각의 가전제품에 저마다의 요금을 지불해야 할 것이다. 스마트홈이 거주자의 편리와 안전을 지향한다고 하지만, 아무리 좋은 시스템이라도 비용 문제를 해결하지 않고는 현실에서 보편적으로 사용되는 것이 쉽지 않을 것으로 예상된다.

040

게임 산업에서 관심을 보이는 가상현실 기술이란?

가상현실*VR, virtual reality*은 디지털을 이용해 현실과 유사하게 만들어놓은 새로운 공간, 혹은 이를 구현하는 기술을 의미한다. 게임 속 영상이 360도로 펼쳐지도록 하거나, 여행지를 고를 때 여행 후보지의 풍경을 집안에서 미리 살펴보고, 구매하려는 부동산을 방문하지 않고 관찰할 수도 있다. 최근에는 가상현실을 하나의 오락으로 즐기도록 제공하는 매장이 생기기도 했다.

041

증강현실은 가상현실과 무엇이 다를까?

가상현실은 디지털 세계에만 존재하는 공간이라면, 증강현실AR, augmented reality은 현실에 가상을 덧입힌 공간을 뜻한다. 증강현실을 가장 쉽게 이해할 수 있는 사례가 게임 '포켓몬 고Pokémon GO' 다. 증강현실 이론의 고전으로 꼽히는 로널드 아즈마Ronald Azuma 의 논문 〈증강현실에 관한 서베이A Survey of Augmented Reality〉에서는 아래 세 가지 기준에 부합하는 것을 증강현실로 규정한다.

· 첫째, 현실과 가상이 결합되어야 한다.
· 둘째, 실시간 상호작용이 가능해야 한다.
· 셋째, 3D로 표현된 가상이 현실에 반영되어야 한다.

042

갤럭시 기어, 애플 워치, 구글 글래스를 모아서 뭐라고 부를까?

웨어러블 디바이스라고 하면 된다. 이는 사람의 몸에 착용하는 IT 기기를 말한다. 2012년 구글이 선보인 스마트 안경 '구글 글래스'를 시작으로 인터넷과 연결된 시계, 의류, 밴드 등이 속속 나오고 있다. 일각에서는 웨어러블 디바이스를 기존 사물과 IT 기술이 융합convergence한 제품으로 보지만, 다른 쪽에서는 스마트폰에서 이미 제공하는 기능 가운데 특정 기능을 뽑아 예쁜 디자인에 집중한 탈융합divergence 제품으로 본다.

043

웹에서 앱으로 이동한 패러다임, 그 다음 목적지는?

4차 산업혁명 시대에는 웹과 앱을 이어 로봇이 대세로 떠오를 것이다. 로봇은 '일하다'라는 뜻을 가진 체코어 'robota'에서 유래한 용어로 1920년대 체코의 한 희곡작가가 처음 사용했다고 알려져 있다. 한편 새로운 패러다임으로써 로봇에 관한 연구는 2000년대 초반부터 지속되어 왔으며, 최근 소셜 로봇, 챗봇 등의 등장으로 일상에 보편화되는 과정에 있다. 로봇 연구란 결국 '사람을 위해 존재하는 것' 그리고 '사람이 지시하고 활용하는 것'을 기반으로 하지만, 점차 로봇과 사람의 대립에 관한 논쟁이 부각되고 있다.

044

유럽연합에서는 로봇을 인간과 동등한 시민으로 인정했다?

유럽연합EU에서는 지난 2017년 1월 로봇시민법European Civil Law Rules on Robotics을 발표했다. 여기에는 로봇의 사회적 인격에 관한 규정이 담겨 있는데, 주요 내용은 다음과 같다. '로봇은 작동을 멈출 수 있는 버튼을 의무적으로 탑재해야 하며, 인간을 위협해서는 안 된다. 동시에 스스로를 보호할 수 있어야 한다.'

로봇시민법은 로봇을 그 스스로 인격을 갖춘 전자적 인간으로 바라보나 '인간 활동의 보조재'로써 기능해야 한다는 점을 말하고 있다. 이는 로봇 산업의 발전을 저해하는 선제적 규제인가 아닌가의 논쟁을 수면 위로 부상시켰다. 자율주행차, 챗봇, 소셜로봇 등 4차 산업혁명의 핵심 서비스 영역 대부분에 로봇이 관여하고 있기 때문이다.

중요한 점은 로봇의 행위 과정과 그에 따른 결과에 대해 충분히 설명할 수 있는가, 그리고 충분히 통제할 수 있는가에 대해 명확히 답을 할 수 있어야 한다는 것이다. 국내의 유사한 법률안으로는 2017년 7월 발의 된 '로봇시민법(박영선 의원 대표발의)'이 있으며, 현재 심의 단계에 있다.

045

유럽연합의 로봇시민법에 등장하는 '전자인간'이란?

전자인간electronic person은 유럽연합에서 채택한 로봇시민법에서 논의된 개념이다. 유럽연합이 로봇을 인간에 준하는 법적 존재로 인정했다고 볼 수 있으나, 한편으로 전자인간에 대한 정답은 여전히 규정이 쉽지 않아 논란이 지속되고 있다. 관련되는 주요 이슈로는 로봇의 개발과 활용 및 로봇 고용에 따른 세금 부과 등이 있다.

046

로봇도 도덕적인 마음을 가질 수 있을까?

인공지능에 도덕을 구현하려는 시도가 있다. AMAartificial moral

*agent*란 '인공적 도덕 행위자'라고 풀이되며, 사람에 의해 만들어졌지만 도덕적 행위 의무가 있는 주체가 될 수 있도록 구현하는 것을 뜻한다. 해외를 중심으로 8~12세를 전후한 수준의 도덕적 교양을 함양한 인공지능 에이전트를 개발해 로봇에 탑재하려는 연구가 진행되고 있다.

047

나도 인체의 한계를 초월한 사이보그가 될 수 있다?

애니메이션 〈공각기동대〉에는 몸속에 기계 장치를 심은 인간이 등장한다. 이처럼 사람의 신체에 특수한 장치를 이식해 기존의 육체적 능력을 뛰어넘은 경우를 흔히 '사이보그'라고 하며, 이는 인간의 두뇌와 감성에 기초하지 않은 '로봇'과 구분된다.

앞서 로봇을 '전자인간'이라고 부른다고 했다. 그렇다면 인간의 육체를 개조한 사이보그는 뭐라고 칭해야 할까? 바로 증강인간*augmented human*이다. IT 기술이 진화하면 우리는 이를 활용해 현실을 초월하는 능력을 가지게 될지 모른다. 그럼 인류는 영화에서나 보던 인조인간과 유사한 '슈퍼휴먼'으로 변신하게 될 것이다.

항상 스마트폰을 들고 다니며 언제나 인터넷과 연결되어 있고, 시계나 의류와 같은 웨어러블 디바이스를 착용하는 2018년의 인류도 어쩌면 초기 단계의 사이보그라고 할 수 있지 않을까? 4차 산업혁명을 포함하는 미래 사회를 규정하는 키워드 가운데 하나인 초지능*hyper-intelligence*은 비단 로봇뿐만 아니라 사람에게도 적용되는 것이다.

048

인간 소외 현상은 심화될까?

인간 소외는 비단 4차 산업혁명 시대에만 해당되는 문제가 아니며, 1차 산업혁명 이후로 언제나 논란의 중심에 있던 이슈다. 기술이 고도화되면 일자리가 줄어들고, 기술 계층화(기술 계급 사회)가 벌어지게 된다. 이는 인간을 중심이 아닌 변방으로 내모는 효과를 발생시킨다. 특히 4차 산업혁명은 '완전 자동화'를 지향하므로 시간의 흐름에 따라 인간 소외 논쟁이 더욱 치열해질 전망이다.

'창작과 예술'은 인공지능에 의해 위협받지 않는 최후의 활동이 될 것인가?

지능을 갖춘 자동 기계가 도입되며 인간의 일자리는 빠른 속도로 위협받을 것이다. 이는 4차 산업혁명의 대표적 단점으로 거론된다. 기계에 의해 대체될 가능성이 가장 높은 일자리로는 반복적인 작업을 하는 일자리, 정확한 수치를 따라 수작업을 해야 하는 일자리가 흔히 꼽힌다.

반면 인간 특유의 감성으로 창작 활동을 해야 하는 일자리는 대체 가능성이 상대적으로 낮다고 평가된다. 하지만 감정에 기반을 둔 소비 트렌드 변화 같은 것마저 인공지능이 철저한 계산 끝에 파악해낼 수 있다는 지적도 있다. 이미 인공지능이 만든 광고 카피 및 영화와 드라마의 대본, 그리고 음악 등이 발표된 사실은 이를 뒷받침한다. 물론 인공지능이 특정 개인의 감성과 감정을 대신할 수는 없을 것이다. 인공지능의 창작물은 결국 방대한 데이터의 학습을 통한 비교적 일반화된 결과 값을 제시하기 때문이다. 그러나 대부분의 개인 창작물이 대중성을 띠는 것임을 고려하면 일정부분 인공지능과의 경쟁이 불가피할 것으로 보인다.

050

4차 산업혁명 시대에 새로 생길 직업은?

인간 일자리 상실의 대안으로 다른 종류의 일자리가 등장할 수 있는가? 그렇다. 일부 직종은 지금보다 더 유망해질 것이고, 어떤 직종은 새롭게 창조될 것이다. 모바일 기획자, 디지털 마케터, 이용자 경험 디자이너, 3D 프린터 기술자 등은 과거에 상상이 불가능한 직업이었다.

051

4차 산업혁명을 규정하는 다양한 기술과 서비스 가운데 어떠한 것을 다뤄보면 업무와 미래 커리어에 도움이 될까?

내게 필요한 것, 내가 관심 있는 것 가운데 선택하면 된다. 가장 많이 광고되는 것이 아닌 지금 당장 내가 끌리는 것 가운데 한두 개로 시작하면 충분하다. 챗봇을 만들 수 있는 챗봇 플랫폼, 홈페이지나 메신저에 적용 가능한 인공지능 플랫폼, 가벼운 사물인터넷 제품을 만들 수 있는 사물인터넷 플랫폼, 샘플 데이터를 활용해서 데이터 분석이 가능한 프로그램 등을 검색으로 어렵지 않게 발견할 수 있다. 최근에는 디자인 프로그램에도 인공지능이 적용되고 있다. 이런 대부분의 서비스는 무료 체험 기간을 제공한다. 몇 가지를 직접 써보고 부딪혀보면 내게 맞는 옷을 발견하게 된다. 이후에 다른 플랫폼이나 프로그램을 다루는 것은 처음에 비해 훨씬 수월해진다. 이러한 과정을 거치게 되면 영업, 마케팅, 기획 등의 모든 과정에서 전체의 판을 읽는 데 큰 도움이 될 것이다.

052

떠오르는 기회는 누구의 몫이 될 것인가?

일부 직업이 소멸한 빈자리를 다른 직업이 메운다고 해도, 여전히 한 가지 우려가 남는다. 기술 진화가 만들어낼 새로운 일자리가 과연 누구의 손에 들어갈 것인가? 인간 소외의 한가운데에 떨어진 이들에게도 기회가 똑같이 돌아갈 것인가? 그럴 가능성은 희박하다고 믿는다.

노동 경쟁력을 상실하게 될 계층을 위해 우리 사회는 무엇을 해야 하는가? 기존 업무를 기계에게 내주는 대신 기계가 제시하는 값을 기존 경험에 비추어 정리하고 분석하거나 기계의 관리자로서 역할을 수행하도록 교육해야 한다. 4차 산업혁명 시대, 기업의 사회적 역할은 새로운 일자리를 만들어내는 것이 아니라 기존 일자리로부터 파생되는 부가 영역을 기존 인력에게 할당하는 것이다.

053

미래가 요구하는 인재상은?

4차 산업혁명을 대표하는 다양한 기술은 결국 융합의 길을 걷게 되며, 이를 통해 개별 기술이 지향하는 목적지를 향하게 된다. 최근 화두가 되고 있는 융합형 인재 역시 이러한 관점에서 접근할 수 있다. 우리는 흔히 문과형 인간와 이과형 인간을 구분하는 데 익숙하지만 미래는 양쪽 소양을 두루 갖춘 인재를 원한다. 문과형 인재라고 할지라도 인문학적 성찰과 경제학적 지식을 두루 갖추는 식으로 경계를 넘는 능력이 요구된다.

054

융합형 인재가 되려면 STEAM을 배워라?

과학*science*, 기술*technology*, 공학*engineering*, 수학*mathematics*을 줄여

STEM이라고 한다. 때로는 여기에 예술*art*을 더해 STEAM이라고도 하는데, 흔히 생각하는 예술뿐만 아니라 인문과 사회 영역을 아우르는 의미로 받아들여야 한다. 융합형 인재 양성, 융합형 교육을 논할 때 주로 거론된다.

055

유토피아와 디스토피아, 디지털이 보여줄 세상은?

디지털이 지금껏 현실에 존재한 적 없는 이상향을 열어줄 것이라고 믿는다면, 당신은 디지털 유토피아를 지지한다고 할 수 있다. 물리적 세계(현실)에 디지털 세계(가상)가 진입해 꿈속에서나 볼 법한 환상적 세상을 펼쳐준다는 희망이 디지털 유토피아의 밑바탕에 깔려 있다.

한편 디지털 디스토피아란 디지털 유토피아의 반대 개념이다. 기술은 발전했지만 인간의 삶은 더욱 황폐해진, 있어서는 안 될 암울하고 절망적인 세상을 떠올려보자. 어쩐지 SF 영화에서 자주 접한 풍경이 눈앞에 보인다.

디지털 혁명은 미래를 어떤 모습으로 변화시키게 될까? 그리고 인간의 삶과 커뮤니케이션을 어떻게 바꾸어놓을까? 유토피아와 디스토피아 중 어느 쪽이 현실이 될지는 당신의 선택에 달려 있다. 다시 말해 가상이 현실을 계속해서 변화시킬 테지만, 변화의 결과가 이로울 것인가의 여부는 가상이 아닌 당신, 즉 현실에 달려 있는 것이다. 당신이 속한 기업이 만들어낼 사람 중심의 새로운 세상, 그리고 변화의 중심에서 '나'에게 이로운 세상을 요구할 권리 역시 당신에게 있다. IT 기술의 진화가 새로운 법을 만들고 그 법이 당신을 통제하게 될 테지만, IT 기술을 통제하는 것은 당신이어야 한다.

비즈니스를 뒤흔들
기회 또는 위기

056

4차 산업혁명 시대의 비즈니스는 어떻게 변할까?

4차 산업혁명의 주요 키워드인 '융합'은 비즈니스에도 적용될 예정이다. 이는 산업 간, 기업 간, 서비스 간의 기능적, 외형적 결합을 말한다. 편의점에서 스마트폰으로 결제하고 돌아서는 과정을 떠올리면 쉽다. 이 과정에는 서비스 유형에 따라 폰 제조사, 이동통신사, 신용카드사, 편의점 운영사, 편의점 결제기 운영사 등이 관여한다. 2008년을 전후한 방송통신융합을 통해 제공되던 모바일 DMB, 지금의 스마트폰을 통한 실시간 방송시청 역시 융합 서비스에 해당되며, 이러한 서비스를 '컨버전스 서비스'라고 부른다.

057

전통적 구조의 기업이 디지털 기업으로 변신할 수 있을까?

기업이 IT 기술을 이용해 체질을 바꾸는 것을 지칭하는 용어가 있다. 디지털 트랜스포메이션*digital transformation*이다. 이를 위해서는 기업의 문화, 전략, 기술을 전통적 방식에서 벗어나 디지털화해야 한다. 좀 더 직관적으로 풀어서 보면 다음과 같다.

과거	아날로그 업무 가운데 극히 일부를 디지털로 대체
현재	아날로그 업무 가운데 기업 인프라 수준에서 지금 당장 디지털화 가능한 것을 우선 전환
미래	아날로그 업무의 모든 것을 디지털로 전환(디지털로 경영하는 것)

중국 전자상거래 업체인 알리바바가 무인점포인 타오카페*Tao*

*Cafe*를 개설하고, 월마트가 온라인 시장에 진출하며 사물인터넷 시스템을 도입하는 것 등이 디지털 트랜스포메이션 사례에 해당한다. 최근에는 오프라인 매장을 중심으로 성장해온 화장품 업계, 의류 업계, 식료품 업계처럼 각종 소비재 업계에서 많은 관심을 보이고 있다.

058

4차 산업혁명 시대의 공유산업은?

'융합'이 4차 산업혁명의 핵심이라면, 3차 산업혁명 시대를 규정하는 대표 키워드로는 '공유'가 있다. 개인 차량을 택시처럼 공유하는 서비스 우버와 가정집을 숙박용으로 공유하는 서비스 에어비앤비가 공유산업의 대표 주자다. 공유는 곧 소유의 종말과 궤를 같이 한다. 좀 더 쉽게는 하나의 사무실을 여러 회사나 집단이 공동으로 사용하는 것 역시 공유 서비스에 해당한다.

우버와 에어비앤비는 기존 서비스에 사물인터넷과 인공지능을 융합하려는 시도를 계속하고 있다. 차량 공유 서비스인 우버 택시는 사물인터넷과 인공지능을 통해 자율주행차로 진화하고 있으며 이는 차량 운영 효율성으로 이어져 자동차의 공유 개념을 강화시킬 것으로 예상된다. 주택 공유 서비스인 에어비앤비 역시 인공지능을 통해 개인 맞춤형 숙소, 동네, 관광지 등을 제공하고 있다.

059

플랫폼 기업이 뜬다?

플랫폼의 정의는 매우 가변적이다. 플랫폼에 관여하는 기업, 시장조사업체, 컨설팅업체 등이 전부 자신의 이해관계에 따라 다르게 해석하는 경향이 있다. 플랫폼에 관한 그동안의 다양한 정의를 종합해 공통된 키워드로 정리하자면 결국 '기업과 고객을 연결하는 통로'라고 하겠다. 우버 역시 대표적인 플랫폼 기업 가운데 하나로, 소유한 자동차 한 대 없이 전통적 글로벌 자동차 기업의 시장 가치를 넘어섰다. 4차 산업혁명 시대에는 더욱 다양한 유형의 콘텐츠가 생산될 것으로 예상되는데, 모든 콘텐츠는 결국 그것이 가장 잘 어울리는 공간(플랫폼)에 위치해야 최대의 가치를 가져갈 수 있다.

060

인공지능 플랫폼의 대표주자는?

인공지능 플랫폼은 IT 기업을 포함한 일반 기업 및 이용자가 인공지능 기술을 쉽게 적용하고 이용할 수 있도록 하기 위한 플랫폼을 말한다. 구글과 애플의 모바일 운영체제, 마이크로소프트의 PC 운영체제 플랫폼은 그들을 PC와 모바일 시대의 중심축으로 안내했다.

인공지능 플랫폼은 4차 산업혁명의 한 축으로 불리는 인공지능 시장의 중심이 되기 위한 핵심 기술이자 전략이다. 국내의 경우 네이버의 클로바*Clova*, SK㈜C&C의 에이브릴*Aibril*, 카카오의 카카오아이*Kakao i* 등이 대표적 인공지능 플랫폼으로 꼽힌다.

061

서비스업에서 인간이 아닌 로봇이 일하게 된다?

사람과 대화하는 로봇인 챗봇은 인공지능 기술에 기초하고 있으며, 4차 산업혁명 시대의 로봇 대중화를 이끄는 첨병 역할을 수행한다. 한편 챗봇 대중화의 배경에는 모바일 메신저가 있다. 일상에서 매일같이 사용하는 모바일 메신저에 챗봇이 탑재되며 누구나 어렵지 않게 챗봇에 접근할 수 있게 되었다. 현재는 주로 단순 고객 응대와 상품 주문에 활용되고 있지만 '자연어 처리'를 기반으로 사람의 감성과 감정에 대응 가능한 형태로 진화할 전망이다.

062

고객 응대의 핵심, 자연어 처리란?

자연어 처리*NLP, natural language processing*는 우리가 일상에서 사용하는 언어를 분석하는 인공지능 기술을 말한다. 매일 쓰고 있는 포털 검색 시스템 및 챗봇 역시도 자연어 처리와 연관되어 있다. 현재는 정형화된 자연어에 대해서만 처리 가능한 수준이며, 시간이 지남에 따라 대화의 맥락까지도 파악할 수 있을 것으로 예상된다. 한국어의 경우 형태소에 기반을 둔 단어 체계를 지녔고, 나이나 관계에 따라 대화 중 사용되는 어휘가 달라지는 등 몇몇 특징이 존재한다. 이 때문에 자연어를 처리하는 데 한계가 있을 것이라는 전망이 주를 이룬다.

063

디지털 혁명의 최전방에 선 기업을 만나고 싶다면?

가장 대표적인 전 세계 규모의 디지털 및 IT 콘퍼런스를 선정해 보자면 다음과 같다.

- CES*The International Consumer Electronics Show*
- MWC*Mobile World Congress*
- IFA*Internationale Funkausstellung*
- CeBIT*World center for office, Information and the Telecommunications technology*

이 중에서 업체나 개인에 따라 선호하는 콘퍼런스는 다를 수 있지만, 일반적으로 MWC의 인지도가 가장 높은 편이다. 콘퍼런스 특성 상 지난 10년간의 새로운 패러다임을 이끌었던 모바일 관련 동향에 집중했기 때문이다. 한편 CES와 CEBIT의 경우 이종 산업이 디지털 및 IT 영역으로 진출할 수 있는지 가능성을 가늠해보기에 적합한 콘퍼런스이다. 특히 CES는 미국의 소비자기술협회*CTA* 주관으로 매년 1월 라스베이거스에서 개최되며, 주요 글로벌 콘퍼런스 가운데 가장 먼저 열리므로 그해의 트렌드를 가장 먼저 접할 수 있는 장이 된다. CES 2018에서는 인공지능, 자율주행차, 사물인터넷에 관한 전시가 중심을 이루었다.

064

비즈니스 전략을 수립하기 위해 참고할 수 있는 세계적 기술 보고서가 필요하다면?

해외 시장 조사 및 컨설팅 업체인 가트너*Gartner*는 매년 10월을 전후해 기술 영역에서 열 가지 핵심 주제를 선정해 발표한다. 이를 '가트너 10대 전략 기술'이라고 부르며, 이와 함께 국내외 다양한 업체와 기관의 자료를 참조하면 미래 기술 동향을 읽는 데 도움을 받을 수 있다. 2018년의 경우, 가트너는 지능, 디지털, 메시(*mesh*, 그물망이라는 뜻) 세 개 영역의 열 가지 기술을 뽑았다. 여기서 지능은 인공지능을, 디지털은 가상 세계와 현실의 융합을, 메시는 디지털 비즈니스의 여러 구성 요소가 마치 그물망처럼 연결되도록 하는 기술을 말한다.

065

기술 동향을 예측할 만한 도구는 없을까?

가트너의 '하이프 사이클*hype cycle*'은 기술 발전 동향을 설명하기 위한 다양한 방법론 가운데 하나다. 가트너는 기술 발전 단계를 다음과 같이 구분한다.

· 혁신 촉발*innovation trigger*
· 현실 이상의 지나친 기대*peak of inflated expectations*
· 실망*trough of disillusionment*
· 재조명*slope of enlightenment*
· 일반화*plateau of productivity*

가트너는 기술 발전이 100퍼센트 예측 가능한 과정을 거치는 것이 아니라, 높은 기대와 실망을 얻은 후 다시 부상하는 단계를 통해 일상에 진입하게 된다고 본다는 점을 알 수 있다.

066

IT를 전공하지 않은 마케터나 CEO가 4차 산업혁명을 이해하기 위해서는 어떻게 해야 할까?

책을 백 권 읽는 것보다 직접 한 권을 써 보는 것이 낫다. 그리고 책을 백 권을 쓰는 것보다 4차 산업혁명을 규정하는 다양한 기술 가운데 일부를 직접 체험해보는 것이 낫다. 기술을 직접 다뤄보고 실제 적용해보는 것이다. 이는 엄밀히 말하면 개발과는 다른 영역이다. 체험을 통해 직접 부딪혀봄으로써 서비스의 문제점이 무엇인지 파악할 수 있으며, 나아가 개발 집단과의 명확한 커뮤니케이션을 할 수 있다. 물론 가장 좋은 것은 탄탄한 문헌을 읽고 직접 관련 주제를 중심으로 글을 써보며 여기에 체험을 융합하는 것이다.

067

온라인이 강자로 떠오른 세상에서 오프라인 매장은 어떤 역할을 하게 될까?

O2O*online to offline*는 인터넷을 오프라인의 거래 채널로써 활용하

는 비즈니스 모델을 말한다. 2000년대 중반 해외 유통 매장을 중심으로 시작되었으며, 국내에서는 2000년대 후반 이동통신사의 오프라인 매장 등에서 시도되었다. 모바일로 할인받아 구매하고, 내가 위치한 근처 매장에서 수령하는 서비스가 대표적이다. 교보문고 '바로드림'과 아모레퍼시픽 '뷰티 딜리버리' 등이 여기에 해당된다. 가상(인터넷)과 현실(매장)의 연결을 기반으로 삼기 때문에 지금의 4차 산업혁명 시대에도 그 정의와 활용 모델은 계속해서 확장되고 있다. 미국의 아마존 고*Amazon Go*와 같은 사물인터넷과 인공지능이 접목된 매장의 등장은 오프라인에서만 확보 가능한 고객 데이터를 수집하고 활용 가능한 시대를 열고 있다.

068

정보의 홍수 속에서 소비자는 어떤 서비스를 원할까?

우리는 검색창에 단어 하나를 입력하면 수만 건의 결과가 나오는 시대를 살고 있다. 정보의 바다라기보다 정보의 홍수 속에서 허우적거리는 대중의 마음을 사로잡으려면 큐레이션*curation*을 눈여겨봐야 한다. 4차 산업혁명 시대의 큐레이션은 '빅데이터 가운데 개인에게 실제로 필요한 콘텐츠를 선별하여 제공하는 기술'을 말한다. 쉽게 말해 '필요한 것을 맞춤 제공하는 것'이다. 우리가 일상에서 이용 중인 검색, 인터넷 쇼핑, 음원 감상 등에도 이미 큐레이션 기술이 일부 적용되어 있다. 큐레이션은 인공지능 기술과 연계해 더욱 발전할 예정이며, 큐레이션과 인공지능 기술은 모두 '분류와 예측'에 기반을 둔다는 특징을 지닌다.

069

IT 분야가 주목한 '온디맨드'란?

온디맨드on demand는 고객의 수요에 맞춰 서비스를 제공하는 것을 말한다. 모바일 시대를 거치며 온디맨드가 하나의 경제 패러다임으로 자리 잡았다. 4차 산업혁명 시대의 온디맨드는 새로운 용어로 재탄생하기보다는 큐레이션과 접목되어 개인의 니즈를 발견하고 최적화된 서비스를 제공하는 방향으로 진화하고 있다.

070

고전적 기업 모델에서 벗어나려는 기업이 가장 고민해야 할 가치는?

지금 시대의 기업은 '이용자 중심 사고'에 대해 반드시 고민해야 한다. 이는 이용자 퍼스트*user-first*를 중심으로 한 업무 전반의 프로세스 혁신을 말한다. 3차 산업혁명 이후 비즈니스 생태계는 웹, 모바일, 사물인터넷, 인공지능 등을 가장 앞에 내세워왔다. 하지만 이러한 요소가 진정으로 가치를 다하기 위해서는 이용자 중심 사고에 기반을 두어야 한다. 다시 말하자면, '기술 진화를 통해 사람의 일상을 변형시킨다'가 아니라 '사람의 일상이 어떻게 달라질지 면밀히 검토한 후에 기술이 진화한다'로 사고방식이 전환되어야 한다는 뜻이다.

071

'고객의 입장을 살펴본다'는 말을 4차 산업혁명의 방식으로 표현한다면?

고객경험*CX, customer experience*이란 고객의 온오프라인 이용 경험을 포함해 '구매 전후의 경험까지를 모두 포괄하는 것'을 말한다. 4차 산업혁명은 디지털(가상)이 피지컬(현실)로 기능하는 것을 목표로 삼기 때문에 기존의 고객경험을 디지털 고객경험으로 놓고 재설계하는 과정이 요구된다.

072

유통 전략이 진화하고 있다?

옴니채널omni-channel은 O2O를 통해 이용자에게 온라인, 오프라인
에서 가격과 콘셉트 등에 관한 하나의 메시지를 전달하는 유통
전략을 말한다. 현재는 유통 전략을 포함한 기업 전략 가운데 하
나로서 기능이 확장되었다. 모바일 시대를 거치며 멀티채널(다양한
온오프 채널을 운영)과 크로스채널(채널 간 유기적 연결)이 진화된 형태다. 옴니
채널은 모든 채널에서 이용자에게 하나의 메시지를 전달함으로
써 일관된 이용자 경험을 제공하는 것을 목표로 한다.

073

기업 생태계와 경쟁 체제는 어떤 방향으로 바뀌게 될까?

4차 산업혁명 시대의 거의 모든 플랫폼은 그들의 개발 소스를 외
부에 공개하고 있다. 그리고 우리의 개발 소스를 이용해 서비스
를 만들어주기를 원하고 있다. 그들은 왜 공들여 개발한 결과물
을 모두에게 개방한 것일까? 이는 '내가 강점을 가진 영역'으로 다
른 이를 끌어들이기 위한 미끼다. 4차 산업혁명 시대에 시장을

선도하고 싶은 기업은 자신의 기술을 다른 기업 및 개인에게 열어두는 전략을 택하고 있다. 개방은 협업으로, 협업은 다시 경쟁으로 연결된다. 개방을 통해 4차 산업혁명의 판은 커지며 경쟁또한 치열해진다.

개방은 아이러니하게도 전쟁터와 같은 생태계를 불러온다. 그런데 일반적인 시장경제에서는 기업 간 경쟁이 치열해질수록 소비자가 누릴 수 있는 혜택이 늘어나기 마련이나, 4차 산업혁명 시대는 이야기가 달라진다. 시장 경쟁이 과열되고 판이 커질수록 앞서 밝힌 디지털 디스토피아의 미래로 진입할 가능성 역시 염두에 두어야 하기 때문이다. 그런 만큼 방향성과 출발점을 잘 설정하는 일이 중요하다. 우리에게 통제 불가능한 무한대의 변화가 시작될 수 있기 때문이다.

디지털 혁명을 이끄는
테크놀로지

074

4차 산업혁명 시대의 CPNT란?

CPNT는 콘텐츠*contents*, 플랫폼*platform*, 네트워크*network*, 터미널 *terminal*의 약자로, 디지털 및 IT 생태계를 구성하는 네 가지 요소를 말한다. 4차 산업혁명 역시 CPNT 간의 경쟁과 융합을 통해 이용자의 일상에 진입하게 된다. 마케팅 분석의 고전이 SWOT*strength, weakness, opportunity, threat*이라면 CPNT는 디지털 생태계를 구분하는 축이라고 할 수 있다. 개인화된 콘텐츠, 세분화된 플랫폼, 1GB의 전송속도와 5G 시대를 말하게 된 유무선 네트워

크, 인터넷에 연결 가능한 디바이스의 확대 등을 주요 특징으로
한다. 간략하게 정리하면 다음과 같다.

- ·콘텐츠: 개인화(지능형, 실감형, 큐레이션 등)
- ·플랫폼: 유형 세분화(소셜, 버티컬, 클라우드, 대화형 등)
- ·네트워크: 유무선 네트워크의 진화(4G, 5G 등)
- ·터미널: 인터넷 연결 디바이스 확대(스마트디바이스, 사물 등)

075

인공지능 챗봇, 쇼핑몰 사이트 등을 쉽게 만들 수 있는 'API'란?

API란 애플리케이션 프로그래밍 인터페이스*application programming interface*로 개발자를 위한 필수 함수를 모아 놓은 것이다. 공통적으로 이 정도 가이드는 필요할 것으로 판단되는 것들을 응용하기 쉽도록 모아 놓은 바구니라고 설명할 수 있다. 4차 산업혁명 시대의 다양한 플랫폼은 외부에 API를 공개해 개발사 및 개인이 다양한 서비스를 만들도록 유도하고 있다. 예를 들면 네이버, 카카오, SK(주)C&C 등의 인공지능 개발사가 공개한 챗봇 API를 이용해 누구나 비교적 손쉽게 나만의 챗봇을 만들 수 있다. 영어 알레

르기가 있는 사람이 미국 여행을 잘할 수 있는 것은 입국장에서부터 존재하는 안내원, 여행 과정에서의 안내판, 각종 가이드와 스마트폰의 검색 기능 덕분이다. 이들은 모두 일상에서의 API로 볼 수 있다.

076

IT 뉴스에 자주 등장하는 용어 ICBM은 무슨 뜻일까?

IT 분야에서 ICBM은 사물인터넷*IoT*, 클라우드*cloud*, 빅데이터*big data*, 모바일*mobile*의 약자다. IT 기술 분야에서 주로 사용하는 말로, 일각에서는 ICBM의 지속성을 보안이 결정한다는 논리에 따라 마지막에 보안*security*을 추가해 ICBMS로 부르기도 한다.

077

모든 '다량의 데이터'가 이롭지는 않다?

다크 데이터*dark data*라는 개념이 있다. 이는 수집된 데이터 가운데 실제로는 사용되지 않고 있는 쓸모없는 다량의 데이터를 말한다. 당장은 무용지물이지만 가까운 미래에 사용될 가능성이 있다고 판단하여 버리지 않고 있기 때문에 언젠가 유출될지 모른다는 보안 위험을 증폭시키는 요소로 지적되고 있다. 2018년, 애플은 다크 데이터를 유용한 데이터로 변형시키는 기술을 보유한 기업을 인수한 바 있다.

078

'감정 표현'처럼 계량화되지 않는 정보도 데이터인가?

이 질문에 답하기 위해서는 정형 데이터*structured data*와 비정형 데이터*unstructured data*를 먼저 살펴야 한다. 정형 데이터는 그 상태 그대로 활용 가능한 데이터를 말한다. 충분히 검증되고 신뢰할 수 있는 가공된 데이터로써 특정 형태가 있고, 즉시 수치화 가능하며 데이터 처리가 쉬운 특징을 갖는다. 엑셀 시트에 행과 열로 구분해놓은 통계 분석 자료가 대표적이다.

한편 비정형데이터는 가공되지 않은 '날것'이다. 특정 형태가 없으며 즉시 수치화할 수 없다는 특징을 지닌다. SNS 채널의 각종 댓글과 '좋아요'들, 감정을 표현하기 위한 문장, 이미지와 영상 등이 대표적 사례다. 다크 데이터를 비정형 데이터의 일부로 보는 시각도 있으며, 이를 정형 데이터로 변형시키는 기법이 등장하고 있다.

정형 데이터와 비정형 데이터의 중간 지점에 위치한 데이터도 있다. 이를 반정형 데이터*semi-structured data*로 부르기도 하는데, 각종 매체의 기사 혹은 방대한 자료와 경험이 녹아든 도서의 문장 등이 여기에 해당한다.

079

데이터를 '채굴'한다고?

데이터마이닝*data mining*은 지하에 묻힌 광물을 발견하듯 데이터 속에서 무언가를 채굴한다는 뜻이다. 즉, 다량의 데이터로부터 특정 규칙을 기준으로 쓸모 있는 정보만 추출하는 기술을 말한다. 코딩이나 프로그래밍에 관심 있는 사람이라면 SQL*structured query language*이나 R, 파이썬*Python*이라는 말을 들어봤을 텐데, 이것이 바로 기업에서 일반적으로 사용하는 대표적 데이터마이닝 솔루션이다.

파이썬 같은 언어를 잘 다루기만 하면 데이터마이닝 전문가가 될 수 있을까?

데이터마이닝은 결국 어떤 인사이트, 즉 통찰을 얻기 위한 작업이다. 추출된 정보가 개발자 혹은 마케터의 지식이나 경험과 결합되어야 최종 가치를 가지게 된다. 따라서 데이터마이닝 솔루션 조작법에 능숙하다고 하여 가치 있는 통찰을 뽑아낼 수 있다고는 하기 어렵다. 이는 반대 상황에서도 마찬가지로, 기본 조작법을 모른다면 경험과 지식이 있더라도 무용지물이다.

그럼 '솔루션 조작법'과 '지식 및 경험' 가운데 무엇이 우선일까? 물론 두 가지가 병행되어야 하겠지만, 그래도 이렇게 묻는다면 망설임 없이 기본 조작법부터 학습할 것을 권장하고 싶다. 최근의 솔루션들은 실무에 필요한 중급 수준까지 혼자서 접근 가능하다. 그런데 경력이 10년 넘는 실무자 중에서도 조작법을 학습하는 단계에서 '내가 이런 것까지 해야 돼?'라며 근거 없는 자신감으로 포기하는 경우가 많기 때문이다.

나이가 들수록 공부가 힘들어진다고 하지만, 프로그램 조작법을 익히는 것은 더욱 그렇다. 그런데 비교적 규모가 큰 조직이라 업무 영역이 명확히 구분되어있다면 전혀 문제가 없지만 대부분의 경우는 그렇지 않다. 조직이 작거나, 조직만 컸지 실제 업무 영역은 나이와 사내 경력에 따라 분배되는 경우가 매우 흔하다. 만약 파이썬 등의 데이터마이닝 솔루션(파이썬은 데이터분석 뿐만 아니라 웹프로그래밍에도 흔히 이용된다) 혹은 일러스트와 같은 웹디자인 솔루션을 어느 정도 다룰 수 있다면 업무 효율성은 물론 4차 산업혁명 시대의 미래 커리어 설계에도 도움이 될 것이다.

081

P2P, P2D, D2D는 무엇일까?

P2P는 사람 간의 통신*person to person*, P2D는 사람과 기기의 통신 *person to device*, D2D는 기기 간의 통신*device to device*을 뜻한다. 모두 IT 기술 진화에 따른 커뮤니케이션 변화를 보여주는 말이다.

최초에는 수십억 명의 사람과 사람이 직접 대화*P2P*했던 시기가 있었다. 그러던 어느 날 PC와 모바일의 시대가 찾아오며 사람의 문자, 터치, 제스처, 음성으로 스마트폰, 노트북, 차량 네비게이션 등과 소통*P2D*할 수 있게 되었다. 그리고 이제는 지능화된 기기와 기기가 통신*D2D*하고, 수십억 명의 사람과 무한대의 기기 역시 통신(P2D의 확장)하는 시대로 접어들었다. 최근 가정 속으로 들어간 인공지능 스피커와 인공지능 TV 역시 이러한 흐름을 반영한 상품에 해당된다.

082

P2P 금융이란?

별도의 플랫폼을 통해 이뤄지는 개인 간 금융 거래를 말한다. P2P 대출 및 펀딩 서비스가 대표적이며 20대가 많이 쓰고 있는 국내의 카카오페이, 해외의 트랜스퍼와이즈*TrasferWise*와 같은 P2P 송금 역시 여기에 해당된다.

083

우리의 커뮤니케이션은 어느 수준으로 확장될까?

커뮤니케이션이 P2P에서 P2D, 다시 D2D로 진화하며 연결 방식과 대상이 무한대를 향하고 있다. 이러한 기술과 사회 현상을 두고 초연결*hyper-connection*이라고 부른다. 초연결은 4차 산업혁명 시대를 규정하는 주요 키워드 가운데 하나다.

시대 변화에 따라 '네트워크'의 의미는 어떻게 달라질까?

네트워크는 본래 방송을 시청 가능토록 하는 방송망을 의미했으나 3차 산업혁명을 거치며 '유무선 통신망'이라는 의미로 확장되었다. 우리가 지하철, 카페 등 어디에서든 찾는 와이파이가 대표적 사례다. 4차 산업혁명을 이야기할 때 사용되는 네트워크라는 용어는 와이파이, 3G, 4G, 5G 등 모든 유무선 통신망을 총칭한다고 보는 것이 옳다.

한편 네트워크는 이제 기술적 의미 이상으로 사회적 의미를 지니게 되었다. 모바일을 통해 확장되는 온라인상의 인맥은 누군가에게 현실의 인간관계만큼이나 중요한 대상이 되었다. PC 시대의 온라인 커뮤니티, 모바일 시대의 메신저 친구는 연결을 통해 새로운 연줄*network*을 만들었으며, 4차 산업혁명 시대에는 로봇과 같은 현실 속으로 들어온 가상의 인격체와 네트워크를 확장하게 될 것으로 예상된다.

LTE에서 5G까지, 이동통신에도 세대가 있다?

5G는 LTE 다음으로 등장한 다섯 번째 이동통신 네트워크 세대 *generation*를 말한다. 국내의 경우 2011년 LTE가 상용화된 것에 이어, 2019년 5G 상용화를 목표로 하고 있다. 이동통신 세대는 통신 속도*round trip time*와 지연 속도*latency* 그리고 제공 가능한 서비스 측면에서 구분되고 있다. 5G는 4차 산업혁명 시대의 빅데이터와 실시간 연결에 필요한 통신 속도를 제공하는 핵심 요소다. 이전의 이동통신 세대별 주요 서비스를 정리해보자면 다음과 같다.

· 1G: 아날로그 음성 통화
· 2G: 디지털 음성 통화, 문자
· 3G: 디지털 음성 통화, 문자, 영상 스트리밍 및 영상 통화
· 4G: 초고속 모바일인터넷
· 5G: 사물인터넷(커넥티드카 등 빅데이터와 실시간 연결 지원)

086

소프트웨어의 중요성은 더욱 커질 것인가?

소프트웨어란 하드웨어를 이용하기 위한 각종 데이터의 집합이
다. 1990년대 이후 하드웨어에서 소프트웨어로 산업의 중심축이
이동해야 한다는 의견이 제기되었으며 이는 현재와 미래에도 유
효한 합의다.

소프트웨어 파워란 소프트웨어보다도 더 집합적인 의미를 내
포한다. 기본적으로 4차 산업혁명 시대의 주요 IT 기술 경쟁력을
포함해 이 과정에서 이용자 중심 사고 및 기술과 전략을 융합하
는 사고를 하는 것을 소프트웨어 파워라 할 수 있다. 이는 개인과
기업 모두에게 중요한 경쟁력이 된다.

087

디지털은 이용할수록 줄어들지 않고 늘어난다?

디지털은 플러스 섬*plus sum*의 특성을 갖는데, 디지털 정보는 이용
할수록 소진되는 것이 아니라 오히려 늘어난다는 뜻이다. 4차 산
업혁명 시대의 데이터 역시 플러스 섬의 특성을 보이며 이는 디

지털 3대 법칙인 무어의 법칙*Moore's law*, 메칼프의 법칙*Metcalfe's law*, 길더의 법칙*Gilder's Law*을 통해 설명할 수 있다.

088

'18개월마다 2배'로 요약되는 무어의 법칙이란?

무어의 법칙은 인텔의 공동 설립자 고든 무어*Gordon Moore*가 1965년 "반도체 성능은 18개월마다 2배로 증가한다"고 했던 주장을 말한다. 이 법칙은 최근까지 약 50년 간 통용되었고, 우리는 조금만 더 기다리면 언제나 두 배 뛰어난 성능의 컴퓨터를 같은 가격에 살 수 있었다. 그러나 반도체 기술 현장이 빠르게 변화하며 현실적 한계가 봉착했고 2016년 공식적으로 종말을 맞게 된다.

089

네트워크 규모에 따른 가치 변화를 설명한 메칼프의 법칙이란?

메칼프의 법칙은 다음과 같다. '네트워크의 유용성은 사용자 수의 제곱에 비례한다.' 즉, 네트워크의 규모가 커지면 비용은 선형적으로 증가하지만, 그 가치는 기하급수적으로 증가한다는 의미다. 컴퓨터 네트워크 프로토콜인 이더넷*Ethernet*을 개발한 밥 메칼프*Bob Metcalfe*가 1980년 내놓은 이론이다.

090

사물인터넷과 인공지능 등으로 폭발하는 데이터를 어떻게 처리할 수 있을까?

길더의 법칙은 정보 전송 속도는 12개월마다 두 배씩 증가한다는 내용을 담고 있다. 무어의 법칙이 설명하듯이 반도체 성능이 빠르게 개선되고, 메칼프의 법칙이 보여주듯이 네트워크 가치가 껑충껑충 뛰어오르는 모습을 떠올려보자. 데이터가 폭발적으로 증가하리라는 예상이 가능하다.

이렇게 폭발적으로 증가하는 데이터를 실시간으로 처리하기 위해서는 초고속 유무선 인터넷 인프라가 필수적이다. 길더의 법칙은 4차 산업혁명 시대의 사물인터넷, 인공지능 등으로 인해 폭발적으로 증가하게 될 데이터의 처리 속도에 관해 여전히 참조 가능한 디지털 법칙이다.

091

4차 산업혁명의 IOI란 무엇일까?

IOI는 인풋*input*, 아웃풋*output*, 임팩트*impact*의 약자다. 여기서 인풋은 기본적으로 컴퓨터에 데이터를 입력하는 것을, 아웃풋은 입력한 값에 따른 결과 값을, 임팩트는 인풋과 아웃풋을 통해 우리의 일상에 미치는 영향을 말한다. 쉬운 예로 컴퓨터를 이용해 한글을 타이핑하고 프린터로 출력하면 종이에 직접 글씨를 쓰는 것보다 편리한 일상을 영위할 수 있는데, 이 역시도 위 과정에 해당된다. 이를 4차 산업혁명 생태계에 대입해보면 기업의 기획과 개발을 통한 서비스 그리고 기업 간, 서비스 간 융합 서비스가 이용자의 일상을 변형시키는 과정에 해당된다.

092

IOI와 이용자의 상관관계는?

기업은 인풋 과정에서부터 비즈니스 판 전체를 놓고 그들의 서비스가 이용자의 일상에 어떠한 영향을 미치게 될 것인가를 검토해야 한다. 한편 이용자는 인풋과 아웃풋에 따른 일상 변형을 일방적으로 수용할 것이 아니라, 이 과정을 관찰하고 기업이 올바른 방향성을 가져갈 수 있도록 주문하는 역할이 필요하다.

093

디지털 공간이 물리적 공간에 침투하고 있다?

디지털 공간은 지난 수십 년 간의 IT 기술이 만들고 확장해온 가상 세계다. 인터넷 커뮤니티, 개인 블로그나 홈페이지, 포털, 인공지능 채널, 인터넷과 연결된 사물과 디스플레이 등이 모두 디지털 공간에 포함된다. 이러한 디지털 공간은 물리적 공간에 편입되려 하는 현상을 보이고 있으며, 물리적 공간은 디지털 혁명이 제공하는 특성인 '연결'을 통해 확장되는 중이다.

094

사이버 물리 시스템이란?

사이버 물리 시스템CPS, cyber-physical system은 현실 세계에 적용된 IT 기술 시스템을 말한다. IT 기술이 진화하며 비즈니스 영역은 물론, 환경, 교통, 안전 등 국가 기반 인프라 대부분에 새로운 시스템이 적용되고 있다. 이에 따라 통합 관리 및 운영의 필요성이 제기되며 함께 떠오른 용어가 바로 '사이버 물리 시스템'이다. 현실 세계와 IT 기술의 밀접성 및 상호 작용을 강조하고 있으며, 스마트 팩토리 역시 생산 시설과 이를 운영·관리하는 소프트웨어가 통합된 CPS 사례로 볼 수 있다.

095

가상이 현실을 복제한다?

주로 생산 시설을 보유한 제조업 분야에서 검토되고 있는 개념으로 디지털 트윈*digital twin*이라는 것이 있다. 이는 가상 설비 혹은 가상 사물을 개발하는 기술인데, 현실 세계에 존재하는 실제 장비나 상품을 가상 세계에 그대로 복제함으로써 운영 효율성 및 서비스 가치 제고에 기여할 것으로 보인다.

096

기업의 IT 기술 관련 '운영 효율성'을 높일 방법은?

데브옵스*DevOps*라는 방법론을 알아보자. 이는 개발*development*과 운영*operation* 간의 견제와 균형을 통해 IT 기술 기반의 서비스를 개발하는 전 과정을 효율적으로 조직화하는 활동이라고 정의할 수 있다. 소프트웨어 개발 과정에서 주로 검토되는 방법론이지만 비단 개발에만 한정되는 것이 아니라 기업의 문화와 밀접한 상관관계를 갖는다.

097

민첩성이 필요할 때는 어떤 전략을 취할 수 있을까?

'기민한, 민첩한'이라는 뜻을 가진 단어 '애자일*agile*'은 소프트웨어를 개발하고 운영하는 과정에서 효율성을 증대시키기 위한 프로세스 간소화 방법론의 이름이기도 하다. 개발 프로젝트의 유연성, 생산성, 투명성을 높이려는 목표를 가지고 있으며, 이는 데브옵스와 마찬가지로 기업 문화와 밀접한 상관관계를 갖는다. 소프트웨어 개발이 중요한 기업의 경우 애자일을 통해 조직 문화와 직급 체계 등을 개편하기도 한다. 다만 개발, 보안, 운영 조직이 제대로 갖춰져 있지 않거나 그 구분이 명확하지 않은 경우에는 해외 사례를 어설프게 벤치마킹하려다 역효과를 거두는 경우가 종종 발생했으므로 주의가 필요하다.

098

'특이점'이 IT 기술에 관한 용어라고?

기술 특이점은 IT 기술이 정점에 이르러 인간을 초월하게 되는 특정한 시점을 말한다. 미국의 미래학자 레이 커즈와일*Ray Kurzweil*이 저서 《특이점이 온다》에서 인공지능과 기계가 인간의 능력을 초월하는 시점을 '특이점'이라고 규정하면서 널리 사용되기 시작했다.

099

4차 산업혁명의 원점은 어디인가?

4차 산업혁명의 원점을 찾기 위해 제로베이스 사고*zero-base thinking*를 해야 한다는 의견이 있다. 제로베이스 사고란 단어 그대로 모든 문제를 처음으로 되돌려 생각하는 방식을 말한다. 이러한 관점을 지닌 이들은 4차 산업혁명의 본질을 '기술'이 아닌 '사람'에서 찾는다.

100

프레임워크가 '기술'과 '비즈니스' 측면에서 가지는 의미는?

프레임워크*framework*는 기술과 비즈니스라는 두 가지 관점으로 구분해 살필 수 있다. 기술 측면의 프레임워크란 다양한 개발 도구와 서비스 앱을 지정된 인원이 (혹은 누구나) 활용 가능하도록 미리 만들어놓은 틀을 말한다. 한편 비즈니스 측면에서는 기업 전략 설계에 도움이 되는 논리 구조를 의미한다. 4차 산업혁명 시대를 규정하는 다양한 프레임워크는 이 두 가지를 모두 포함하고 있다. 4차 산업혁명 시대의 기업과 이용자에게는 지금과 같은 '기술과 비즈니스 중심의 프레임워크'를 '사람을 위한 프레임워크'로 재설계할 수 있는 사고와 재능이 요구된다.

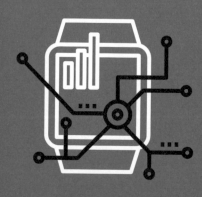

1부

'콩깍지' 벗고
본 산업혁명

기술은 인간을
자유롭게 하는가

: 주요 플레이어인 기업과
: 개인의 의사소통

'기술이 인간을 자유롭게 하리라.' 수년 전 어느 광고에 등장했던 이 카피는 4차 산업혁명을 너무도 잘 축약하고 있다. IT 발전에 근거한 새로운 패러다임은 당신에게 이렇게 말한다. "가만히 계셔도 좋습니다. 컴퓨터가 모든 것을 알아서 처리할 테니, 당신은 그저 즐기십시오."

기계 지능, 기술 지능은 당신의 자유를 허락함으로써 가치를 부여받는다. 당신은 자유로운가. 당신은 기계 지능, 기술 지능의 수혜자인가. 혹은 부속품인가. 나는 늘 이 질문으로부터 자유롭지 못하다. 양쪽 모두에 걸쳐 있다. 기술은 특정 단면에서 편리한 생활을 영위하도록 도와주지만, 그 편리함은 어딘가 모르게 찝찝하다.

IT가 일상에 침투하기까지의 과정은 크게 세 가지로 구분된다. 바로 IOI다. 귀엽고 노래 잘하는 걸그룹을 이야기하는 것이 아니다. IOI는 인풋*input*, 아웃풋*output*, 임팩트*impact*의 약자다. 4차 산업혁명에서 기업은 주요 플레이어라고 할 수 있다. 이런 기업이 우리 일상에 막대한 영향을 미치는 것을 목표로 그 결괏값을 예측하고, 예측된 결괏값을 도출하기 위해 변숫값을 입력하는 과정이 IOI다.

이때 임팩트란 이용자의 '일상 변형'을 뜻하는데, 1차적으로는 '돈'이라고 생각하면 쉽다. 인풋과 아웃풋을 통한 머니 게임. 그리고 이 과정에서의 파워 게임. 우리의 일상에 IT를 침투시켜 공급자의 수익을 발생시키는 행위이자 일련의 프로세스다. 이는 흔히 말하는 고객 커뮤니케이션을 통해 달성된다. 고객 커뮤니케이션이란 당신과 공급자의 양방향 실시간 의사소통을 의미한다. 이는 모바일 시대에 들어선 2008년을 전후해 전면에 등장하기 시작했다. 새로울 것 없는, 그러나 모든 기업이 시대에 맞는 광고 카피로 변형시켜 등장시키는 그것이다.

발칙하고
이기적인 혁명

우리는 어떠한 의사소통을 하고 있는가. 당신은 플레이어인 기업, 그리고 그들이 만들어내는 IT와 의사소통해본 기억이 있는가. 나는 플레이어의 일원이 되어 현업에서 일한 바 있고, 지금은 플레이어와 소비자의 중간에서 양쪽을 연결하는 위치에 서 있다. 현업에 있는 동안은 '내가 배우고 실행한 커뮤니케이션이 과연 진실되었는가'를 늘 고민했다. 그리고 이 고민은 지금도 현재 진행형이다. 우리가 지난 10년간 매우 당연한 듯이 배우고, 듣고, 말한 '양방향 실시간 의사소통'은 누구를 위한 것이었을까. 우리보다는 플레이어, 즉 기업을 위한 것이었을 가능성이 높다. 판세가 결정되고, 그 안에서 평범한 개인의 일상을 어떠한 방법으로 얼마나 빠르게 변형시킬 것인가에 대한 의사결정이 내려진 이후 벌어지는 '사후 커뮤니케이션'이기 때문이다.

4차 산업혁명은 진일보된 양방향 실시간 커뮤니케이션을 무기로 당신의 선택과 참여, 그리고 이를 통한 IT 기술로부터의 자유를 선사하겠다고 약속하겠지만, 이는 틀렸다. 당신의 선택권은 시간의 흐름과 함께 줄어들 것이며, 참여의 기회 역시 마찬가지가 될 것이다. 당신은 IT 기술로부터 자유를 얻을 수 없다. 플레이어가 결정한 프레임 안에서, 플레이어가 마련한 커뮤니케이션 과정에 참여하게 될 것이다. 그리고 이를 '선택과 참여 그리고 자유를 취하는 커뮤니케이션 과정'으로 받아들이게 될 가능성이 높다. 10년 전 오늘과 10년 후 오늘은 다름이 없다. 공학계의 이단아로 불리는 켄타로 토야마*Kentaro Toyama* 박사는 그의 저서 《기술 중독 사회》에서 이카로스의 교훈을 예로 들며 기술에 대한 사고에 관해 다음과 같이 말한 바 있다.

이 이야기는 종종 아이들에게 도덕을 가르칠 때 인용된다. 즉, 부모님께 순종하고 자만심에 빠지지 말라는 의미로 해석되는 것이다. 하지만 이 이야기에는 어른을 위한 교훈이 담겨 있다. 즉, 그 어떤 훌륭한 기술이라고 해도 우리 자신을 구원해 주지는 못한다는 것이다. (중략) 여기서 우리가 얻을 수 있는 진정한 교훈은 기술이 중요한 게 아니라 올바른 생각과 의지가 중요하다는 점이다.

—《기술 중독 사회》, 켄타로 토야마 저, 전성민 역, 유아이북스, 2016. 5., 17~18쪽

우리가 행하는 의사소통은 모바일 빅뱅 시대에도, 디지털 혁명으로 일컬어지는 4차 산업혁명 시대에도 CPNT, 즉 콘텐츠*contents*, 플랫폼*platform*, 네트워크*network*, 터미널*terminal*을 매개로 한 거래 과정이라고 할 수 있다. 지금 같은 4차 산업혁명 속에서의 CPNT는 플레이어와 이용자가 돈과 편리함을 교환하는 과정을 의미한다.

당신은 편리함을 통해 행복해졌는가. 만약 그렇지 않다면, 혹은 잘 모르겠다면 당신은 교환이 아닌 일방적으로 주기만하는 대상이 된 것이다. 따라서 우리는 물어야 한다. '나의 일상은 IT로 인해 풍요로워졌는가?' 그리고 요구해야 한다. '4차 산업혁명은 어디로 가고 있는지 알고 싶다. 기업과 기술이 나를 풍요롭게 하기위해 어떠한 목표를 설정하고 있는지 알고 싶다. 다가올 혁명이나에게 자유를 허락하는지, 복종을 요구하는지 알고 싶다.'

지금의 4차 산업혁명은 개인에게 친절하지 않다. IT는 진화하지만, 그것이 제공하는 결과값과 일상에서의 영향력은 후퇴하고있다. 우리가 인지하고 있지 못할 뿐이다. 인지할 수 없도록 매우교묘하게 다가온다. 발칙하고 이기적이다.

모두의 곁으로 찾아갈
인공지능 비서

당신보다
당신을 더 잘 아는 누군가

우리는 누구나 개인 비서를 옆에 둘 수 있다. '회장님'에게나 해당하는 이야기가 아니다. 이 글을 쓰고 있는 내게도 비서가 둘이나 있다. 단, 그 단위는 '두 명'이 아니라 '두 개'다. 인공지능 비서이기 때문이다. (빠르게 발전하는 인공지능의 속도로 추정해보건대, 4차 산업혁명이 완성될 즈음에는 두 개의 비서가 아니라 두 명의 비서라는 표현이 더 적당해질지도 모르겠다. 우선은 '두 개'라고 하도록 하자.) 이 두 개의 녀석은 나를 대신해 여러 일을 한다. 내

명령에 따라 음악을 틀어주고, 식당을 예약해준다. 근처의 최저가 주유소를 찾아서 길을 안내할 줄도 안다. 똑똑한 녀석. 그런데 나는 단 한 번도 내 비서에게 월급봉투를 내민 적이 없다. 그렇다면 이 녀석은 왜 나에게 이런 혜택을 안겨주는 것일까.

"대체 왜 나를 친절하게 대하는 거야?"

이렇게 질문해도 터무니없는 답변만 돌아온다. 아직 인공지능은 깊이 있는 대화를 나눌 만큼 발전하지 못했다. 만약 몇 년 후 자연어 처리 기술이 비약적인 성과를 거두어서 어렵다고 소문난 우리말의 문맥을 분석할 정도가 된다면 정확한 답을 들을 수 있을까. 아마도 프로그램에 의해 교육받은 인공지능은 기껏해야 이 정도의 이야기를 들려줄 것이다.

"나는 너의 친구야. 친하게 지내고 싶을 뿐이야. 널 도와주고 싶어."

사실 나는 이미 알고 있다. 그들이 왜 내게 친절해야 하는가 말이다. 기술이 인간의 일상에 깊숙이 관여하기 위해서는 개개인의 데이터가 필요하다. 정형 데이터, 비정형 데이터, 정적 데이터, 동적 데이터 등 다양한 갈래의 데이터를 통해 한 사람의 행동 양식과 과거 이력을 학습해야 한다. 우리의 일상을 통해 발견할 수 있는 숫자 지표, 이미지, 과거의 행동, 운행 정보 등 수집 가능한 모든 데이터를 누군가는 간절히 원하고 있으며, 모든 유형의 데이터는 인공지능 비서를 만들고 관리하는 회사의 서버에 고이 간직될 것이다. 서버에 저장된 정보는 언젠가 또 다른 산업과의 융합을 통해 빛을 볼지도 모른다. 재고 관리나 성향 분석 고도화, 콘텐츠 큐레이션 등에 활용 가능하다는 뜻이다.

그렇다. 나의 비서는 안타깝게도 나의 것이 아니다. '당신을 당신 이상으로 잘 아는 가상의 개인 비서를 곁에 두세요'라는 광고 문구는 이면에 다음과 같은 함의를 담고 있다. '당신을 당신 이상으로 잘 아는 가상의 개인 비서를 곁에 두세요. 우리는 곧 당신의 개인 정보를 갖게 될 거예요. 이는 매우 합법적인 과정의 결과물이죠. 당신은 결코 이를 부정할 수 없습니다. 이를 통해 우리는 돈이 되는 새로운 사업을 기획할 수 있어요. 계속해서 우리 비서의 학습 대상이 되어주실 거죠? 사랑합니다, 고객님."

편의를 제공하고
개인정보를 취하다

돈 거래를 중개하는 업체, 상품 거래를 중개하는 업체, 이들이 활용 가능한 기반 기술을 개발하는 업체까지 그 수를 헤아릴 수조차 없는 수많은 기업들은 2017년 하반기를 시작으로 인공지능을 쏟아내고 있다. 통상 스마트폰과 별도의 디바이스에 애플리케이션 형태로 탑재되어 음성과 문자를 인식한다. 그리고 인식된 값을 통해 사랑하는 고객님의 거래 정보와 동선을 분석한다. 이러한 데이터를 분석하는 별도의 서버를 분산형 컴퓨팅 혹은 클라우드 등으로 부른다.

이들을 유기적으로 연결한 것이 인공지능에 기반을 둔 개인맞춤형 서비스가 된다. 때로는 평소에 귀찮았던 온라인 계정에 접속해야 하는 번거로움을 덜어준다. 인공지능의 처리 속도를 획기적으로 높여줄 수 있는 별도의 솔루션을 제공하기도 한다. 당신의 개인 비서 활용도가 높아짐에 따라 4차 산업혁명 기업이 처리해야 할 데이터의 양이 증가하기 때문이다.

한때는 '대화 가능 여부'로 평가받던 인공지능이 이제는 '대화 처리 속도'에 따라 인정받게 될 것이다. 재빠르고 기특한 녀석. 이 기특한 녀석은 그동안의 IT가 진화해온 과정을 한 치의 어긋남 없이 답습하고 있다. 이러한 진화의 과정을 통해, 4차 산업혁명 시대에는 개인 비서와 함께하는 것이 필연적 현상이라고 말할 수 있다. 누군가는 '이를 누리는 세대는 축복받은 것'이라고 한다.

그렇다면 우리 모두는 축복받은 시대를 살 수 있는 기회를 얻은
셈이다.

　그런데 잠깐. 앞선 글에서 어떠한 오류를 발견했는가? 그렇다
면 매우 날카로운 시각을 가졌다고 하겠다. 보통은 오류를 감지
하기가 쉽지 않았을 것이다. 숨겨진 부분은 바로 이것이다. '4차
산업혁명이라는 거대한 프레임 속에 편입된 당신의 비서는 당신
의 것이 아니다.'

　이렇게 문제를 제기하면 누군가는 다음과 같이 반박할 것이
다. '4차 산업혁명은 소유의 종말과 궤를 같이 한다. 이는 곧 공유
의 가치가 높아진다는 뜻이다. 공유의 가치 그리고 공유 경제는
3차 산업혁명 이후로 계속되어온 새로운 패러다임의 대표 특성
중 하나다. 기기는 물론 데이터, 그리고 이를 처리하는 컴퓨팅 역
시도 분산과 공유를 기본 가치로 한다. 당신은 이를 부정하는가?

　그럴 리가 있겠는가. 감히 누가 소유의 종말과 공유의 가치를
부정할 수 있을까. 다만 4차 산업혁명이 말하는 '나'는 실제 누구
인가를 물어야 할 것 같다. 모두가 말하는 '나'는 그토록 사랑하는
고객님인가, 아니면 기업 자신인가.

혁신과 변화는
언젠가 청구서를 내밀 것이다

4차 산업혁명의 개인 비서는 기업을 향하고 있는 가운데 고객을 전면에 내세운다. 소유와 공유에 대한 이론적 논쟁거리가 아니라, 앞과 뒤가 다른 투명함의 문제다. 그 누구도 법적으로는 문제를 제기하거나 논리적 오류를 명확히 제시하기 힘들게 경계선을 교묘히 줄타기하고 있다. 개인화된, 개인에게 최적화된 서비스를 말하면서 당신의 일상을 특정 프레임 안으로 밀어 넣는다. 당신을 위한다는 그럴 듯한 카피와 함께하지만, 말과 행동이 다르다. 애초 그럴 수밖에 없는 구조 속에서 그럴 듯한 논리의 향연이 새로운 세상이라는 프레임을 만들어간다. 속이 훤히 보이는, 매우 그럴 듯한 프레임 놀이다.

당신은 당신의 비서에게 물어야 한다. '나를 통해 얻고자 하는 것이 무엇인가.' 나를 통해 얻은 정보, 즉 나에 관한 개인 정보의 삭제를 내가 지시할 수 있는가. 그리고 무엇보다 나의 개인 정보를 제공함으로써 인공지능 비서와 기업들은 나에게 어떠한 미래를 제공할 수 있는가.

앞으로 펼쳐질 세상이 '나'로부터 출발하는지, 혹은 기술 발전으로부터 출발하는지는 중요한 문제다. 만약 당신이 매우 당연하게 예상하거나 원하고 있는 미래와 연결되지 않는다면 당신은 다음의 둘 중 하나를 4차 산업혁명에게 요구할 수 있는 권리가 있다. 첫째, 우리를 현혹시키지 말라. 혹은 둘째, 우리의 행복한 미래를 위해 입력값을, 출발선을 수정하라. 사실 이는 권리라기보다 4차 산업혁명 시대의 기업과 개인 모두가 지녀야 할 의무다. 우리는 알고 있다. 4차 산업혁명이 우리에게 언젠가 예쁘게 재단된 청구서를 내밀 것을. 청구서에는 다음과 같이 적혀 있으리라.

'사랑하는 고객님, 모두가 개인 비서를 쓰고 있습니다. 당신은 그동안 무엇을 하고 계셨습니까. 이제 더 이상 망설일 시간이 없습니다. 당신은 이미 뒤처지는 중입니다. 시대의 흐름을 따라가지 못하고 있다는 뜻입니다. 이번이 마지막 기회일 수 있습니다. 당신을 위해 시작되었고, 대부분의 사람이 스스로를 위해 쓰고 있는 개인 비서를 선택하셔야 합니다.'

스마트폰, 스마트금융, 스마트시티… '스마트'는 만능 수식어

농사짓던 인간을 도시와 공장으로 불러들이다

누구나 알고 있듯, 4차 산업혁명은 네 번째 산업혁명이다. 앞서 일어난 네 번의 산업혁명은 일반적으로 다음과 같이 구분된다.

- 1차 산업혁명

  18세기에서 19세기 중반에 걸쳐 발생한 농경 사회의 기계화
- 2차 산업혁명

19세기 중반에서 20세기 초반에 걸쳐 발생한 기계화 및 대량 생산

- 3차 산업혁명

20세기 중반 이후 21세기 초반에 걸쳐 발생한 아날로그의 디지털화, 그리고 자동 생산

- 4차 산업혁명

2016년 세계경제포럼에서 주창된 디지털 혁명으로 기계 지능과 초연결·초지능·초융합이라는 특징을 지님

우선, 4차 산업혁명의 모태가 된 1차 산업혁명과 2차 산업혁명을 좀 더 상세히 살펴보자. 산업혁명이라는 용어는 독일 출신의 사회주의 철학자이자 경제학자인 프리드리히 엥겔스가 《영국 노동계급의 상황》을 통해 처음 언급했고, 영국의 경제학자인 아놀드 토인비가 《18세기 영국 산업혁명 강의》에서 사용하며 보편화되기에 이른다.

1차 산업혁명부터 4차 산업혁명까지의 공통점이 있다면 무엇일까. 바로 '산업이 혁명된 것', 즉 기술 발전으로 제조 공정의 효율성이 높아진 것이다. 산업혁명론을 살펴보면 크게 두 가지 대립각이 존재한다는 사실을 알 수 있다. 한 축은 기술과 사회의 혁

명적 변화고, 다른 한 축은 대중의 일상이 전보다 황폐화 되었다는 것이다. 전자는 여전히 지속되는 가치고, 후자는 인간 소외와 기술계급의 존재 등으로 여전히 연구 가치가 남아 있다.

1차 산업혁명은 1700년대 중반에서 1800년대 초반까지 영국에서 발명된 증기 기관이 기폭제가 되어 발생했다. 이는 사회·경제적으로 큰 변화를 야기했는데, 면직물 수요 증가에 대응하기 위해 제임스 와트가 증기 기관을 개량해 대량 생산을 시작할 수 있게 되었다. 소량 생산 시스템이 기기를 통한 대량 생산 시스템으로 이동하는 것이 산업혁명의 시초다. 사이버네틱스(*cybernetics*, 기술 진화에 관한 기계·인간·사회 관점에서의 통합 연구 분야)의 창안자로 불리는 노버트 위너*Norbert Wiener*는 1950년대에 출간된 그의 저서 《인간의 인간적 활용》에서 1차 산업혁명에 대해 다음과 같이 서술하고 있다.

> 본격적인 산업 혁명은 증기 기관과 함께 시작한다. (중략) 그 다음으로 산업 혁명이 그 존재를 과시한 곳은, 광산 노동자들의 중노동 분야보다는 조금 늦었지만 교통수단의 혁명과 동시에 발생했던 섬유 산업이었다. (중략) 섬유 공장은 산업의 기계화 거의 전 과정에 걸쳐 모델이 되었다. 사회적 측면에서 볼 때, 섬유 공장은 가내 노동자를 공장으로 이전시키기 시작했

고 시골의 노동자를 도시로 이동시키기 시작했다.

―《인간의 인간적 활용》, 노버트 위너 저, 이희은·김재영 역, 텍스트, 2011. 11., 172~174쪽

다음으로 일어난 2차 산업혁명은 1800년대 중반에서 1900년대 초반에 걸쳐 발생한 전 세계적 기술 혁신과 이로 인한 변화를 일컫는다. 1차 산업혁명에 비해 기계화의 영향이 미치는 산업 범위가 크게 확대되었다. 철도와 전기 그리고 인쇄기의 발전은 2차 산업혁명을 대표한다. 또한 1차 산업혁명이 영국에 의해 시작되어 발전된 것이라면, 2차 산업혁명부터는 미국과 독일이 주요 국가로 부상하게 된다.

4차 산업혁명은 오지 않은 현상에 대한 말장난인가

한편 우리가 역사 속 사건이 아닌 실제 경험으로 만난 산업혁명도 있다. 3차 산업혁명과 4차 산업혁명이다. 3차 산업혁명이라는 용어를 널리 알린 경제학자 제레미 리프킨의 저서《3차 산업혁명》과 4차 산업혁명을 세상에 전파한 책《클라우스 슈밥의 제4차

산업혁명》을 보면 이 둘의 이론적 구분은 명확하지 않다는 사실을 알 수 있다. 클라우스 슈밥은 4차 산업혁명을 '변화의 속도, 변화의 범위, 시스템의 영향 정도'라는 세 가지 기준에 따라 3차 산업혁명과 구분하였다. 반면 제레미 리프킨은 "4차 산업혁명을 주창하는 것은 너무 이르다"는 반론을 제기한 바 있다.

국내에서도 산업혁명을 '사회·경제적 변화의 정도'로 볼 것인가 '기술 진화의 정도로 볼 것인가'에 따라 의견이 대립된다. 사회·경제적 변화의 정도로 바라보면 급격한 변화의 측면에서 현재를 4차 산업혁명 시대로 규정 가능하다는 의견이, 기술 진화의 정도를 척도로 삼는다면 4차 산업혁명은 일종의 용어 놀이에 가깝다는 의견이 대세를 차지한다. 이러한 대립 중에도 공통된 키워드는 발견된다. '융합'이다. 사실, 융합은 이미 2000년대 후반 국내에서도 이슈로 떠오른 바 있다. 그런데 융합이라는 트렌드가 지속되자 그에 대한 반대급부로 탈융합이 등장했다. 탈융합은 융합의 부작용에 힘입어 부상하는 용어이자 현상이다. 융·복합 상품과 서비스에 지친 이용자 집단이 '더 이상 복잡한 것은 되었다'며 기업이 마음대로 이런저런 기능과 서비스를 붙여서 가격을 올리기보다는 단순하게 꼭 필요한 기능과 서비스만 제공해주었으면 한다고 주장했던 것이 탈융합의 단면이다.

4차 산업혁명
이전의 '융합'과 이후의 '융합'

그럼 당시의 융합과 4차 산업혁명 시대라 일컬어지는 현재의 융합은 무엇이 다른가. 4차 산업혁명 시대에 또 다른 탈융합이 오지는 않을까. 이를 위해 우선 융합의 정의를 살펴보자. 융합경제에 대해 다룬 책《컨버저노믹스》에서는 산업의 융합을 다음과 같이 풀이한다.

> 산업의 융합은 두 가지 혹은 그 이상의 서로 다른 산업이 직접적인 경쟁자나 협력자가 되었을 때 이루어진다. 예를 들어 애플이 음악 공급업자와 경쟁할 때 산업 간 융합이 일어난다. 디즈니가 여행컨벤션 사업에 진출한다면 그것은 오락, 호텔, 골프 산업의 융합이 된다.
>
> —《컨버저노믹스》, 이상문·데이비드 L. 올슨 저, 임성배 역, 위즈덤하우스, 2011. 5., 162쪽

4차 산업혁명 시대 전과 후의 융합은 '가져다 붙이느냐 혹은 가져다 녹이느냐'로 구분된다. 4차 산업혁명 시대의 융합은 후자,

즉 가져다 녹일 수 있는 시대로의 진입 과정에 있다. 이는 곧 '물리적 결합인가, 화학적 결합인가'로 나누어진다. 이를 비즈니스 현장 관점에서 바라보면 각각 자리 잡은 상품 A와 B가 있는데, A에 B를 붙여서 마치 하나인 듯 포장하는 것은 4차 산업혁명 이전의 융합이다. 반면 본래 하나로 나올 수 없었던 상품 A와 B가 있는데, A에 B를 녹여서 처음부터 하나로 시장에 인지 될 수 있게 한다면 4차 산업혁명 시대의 융합이 된다. 이는 융합의 반대급부인 탈융합이 부각될 가능성이 매우 낮은 융합 상품을 의미한다.

최근 이슈의 정점에 선 인공지능을 예로 들어보자. 2017년 하반기를 기점으로 줄지어 출시되고 있는 인공지능 스피커는 4차 산업혁명을 반영하는 상품인가? 인공지능이면 모두 4차 산업혁명인가? 만약 그렇다면 2002년 PC 메신저에 탑재되어 출시되었던 인공지능 챗봇 '심심이'는?

4차 산업혁명에 관한 강의, 교육 등에서 관련 주제를 던져보면 융합의 개념을 전달하기 전과 후의 반응이 사뭇 다름을 확인한 바 있다. 융합을 정의하기 전 위와 같은 질문을 던져보면 인공지능 스피커가 4차 산업혁명 시대의 상품이라는 의견이 대세를 형성하는 반면, 융합을 정의한 후에는 4차 산업혁명 시대의 상품이 아니라는 의견이 더 많이 등장한다. 이렇듯 동일한 시점에 동일한 상품을 놓고도 4차 산업혁명 자체의 정의가 개개인의 성향과 바라보는 관점에 따라 얼마든지 달라질 수 있다.

따라서 여기에서는 4차 산업혁명에 관한 용어 대립은 다루지 않기로 한다. 기본적으로 트렌드에 따라 주로 불리는, 혹은 소위 공신력을 갖는 매체 등에서 주로 통용되는 용어를 따라가면 된다는 입장을 취하도록 하겠다. 2018년 현재가 3차 산업혁명의 시대든, 4차 산업혁명의 시대든 용어의 잣대로 개인의 일상이 달라지는 것은 없기 때문이다. 다만 새로운 용어 혹은 기존 용어에서 새로운 버전으로 업그레이드된 용어를 채택하는 것은 과거의 관습을 새롭게 하는 계기가 될 수 있다는 점에서 긍정적인 측면이 더 많다고 본다. 따라서 현재를 전과 다른 새로운 시대, 즉 4차 산업혁명으로 규정하고 3차 산업혁명을 되새김하며 수정 가능한 부분을 발견하는 일련의 과정은 그 자체로 유익하다.

두 번의 산업혁명 사이에서 던져야 할 질문

여기에는 한 가지 전제가 붙는다. 이전 시대, 그러니까 4차 산업혁명의 시대는 3차 산업혁명의 시대에 비해 눈에 띄는 장점이 발견된다는 점이다. 4차 산업혁명은 이전과 달리 어떠한 장점을 가지고 있을까. 두 가지 질문을 통해 답을 찾아보도록 하자.

질문 1. 현재의 4차 산업혁명은 무엇을 말하고 있을까?

이는 4차 산업혁명을 둘러싼 생태계 내 다양한 주자가 주창하는 것으로 갈음된다. 3차 산업혁명 시대부터 '우리의 일상을 편리하고, 안전하게 변형'시키고 있다고 말하는 수많은 기업들의 캐치프레이즈가 그것이다. 그럼 역으로 4차 산업혁명이 말하고 있는 것들에 대해 우리가 던져야 하는 질문은 무엇일까.

질문 2. 우리는 어떠한 의문을 가져야 하는 것일까?

이 질문은 곧 4차 산업혁명의 장점과 단점으로 연결된다. 4차 산업혁명의 장점은 누리고, 단점 혹은 문제점은 보완하면 된다. 그럼 깔끔하다. 그런데 지금의 4차 산업혁명은 장점만 보이고, 단점이 보이지 않는다. 좀 더 정확히 말하면 장점은 확연히 드러나는 반면 단점은 두루뭉술하다. 단점인 듯, 아닌 듯하고 문제점인 듯, 아닌 듯하다. 단점이 장점과 매우 교묘한 줄다리기를 하고 있다.

모든 일이 그러하듯 4차 산업혁명 역시 장점과 단점이 있다. 4차 산업혁명의 장점은 기술이 주는 편리함이다. 기술이 주는 편리함은 꽤나 추상적인 표현이다. 이를 단순화·구체화시키려면 '스마트 시리즈'로 갈음하면 된다. 스마트금융, 스마트시티, 스마트물류, 스마트팜, 스마트카, 스마트에듀, 스마트에너지 등이다.

소위 스마트 시리즈로 대변되는 4차 산업혁명의 장점은 이용자와 기업의 관점으로 구분된다. 금융이 스마트금융이 되고, 물류가 스마트물류가 되면 이를 누리게 될 이용자 집단은 전보다 편리해진다. 말 그대로 스마트하기 때문이다.

한편 기업 관점에서의 장점은 국가와 정부의 강력한 드라이브 의지다. 상위 기관에서 밀어주고 끌어주면 규제 해소와 투자 유치라는 양쪽 측면에서 모두 수월해진다. 밀어주고 때로는 보채기도 할 것이다. 물론 전보다 편리한 상대적 편리함이다.

이렇듯 현재의 4차 산업혁명이 갖는 장점은 4차 산업혁명의 선두에 서야 하는 다양한 주자(예를 들어 기업)에 의해서 주장된 것들이다. 따라서 우리는 이러한 4차 산업혁명의 장점에 이용자(예를 들어 소비자)의 관점을 적용해야 한다.

그럼 단점은 무엇인가? 4차 산업혁명의 단점은 기술이 주는 편리함과 행복의 비례 지수에 있다. 편리할수록 인간이 행복해진다면 단점 혹은 문제점의 대부분이 해결된다. 4차 산업혁명은 이 것으로 족하다. 그런데 그러기 힘들 것 같다.

왜 힘들까? 왜 편리할수록 행복할 수 없는 것일까? 4차 산업혁명에 관한 대다수 설문 조사에는 두 가지 질문이 포함된다. 첫 번째는 '4차 산업혁명으로 인해 편리해질 것으로 기대하는가'이며, 두 번째는 '4차 산업혁명으로 인해 행복해질 것으로 기대하는가'다. 편리함을 묻는 질문에는 긍정적인 응답이, 행복함을 묻는 질문에는 부정적인 응답이 높은 비중을 차지한다. 설문 조사가 원하는 답을 정해놓고 몰고 가고 있지는 않은지 의문의 눈초리로 다시 봐도 딱히 그런 증거는 발견되지 않는다. 물론 설문 조사 기관에서 편향성을 조장할 하등의 이유 역시 발견되지 않는다.

인간 소외는
매우 추상적인 문제

사실 부정적인 응답의 밑바탕에는 인간이 주변부로 밀려날 것이라는 불안이 깔려 있다. 일자리 감소, 인간 소외 등으로 대표되는 4차 산업혁명의 문제점은 기술이 주는 편리함과 늘 대립각을 세우게 된다. 그럼 이러한 대립 때문에 편리함과 행복의 지수가 비례하지 않게 되는가. 이 역시 그렇지 않다. 4차 산업혁명의 단점 혹은 문제점은 누구도 정확히 진단할 수 없다. 냉정히 보면 일자리나 인간 소외 역시 매우 추상적인 문제다.

4차 산업혁명으로 인해 전보다 행복한 삶을 누리기 힘든 근본적 이유는 4차 산업혁명의 단점이 아닌 장점에 있다. 초연결·초지능·초융합으로 대변되는 4차 산업혁명의 기술 트렌드는 이용자의 삶을 전보다 편리하게 만드는가? 기술이 발전하니까 행복지수는 차치하더라도 편리하기는 할 것 같다. 그런데 실제로 4차 산업혁명 생태계를 움직이게 될 상당수 기업들을 보면 '과연 편리할까' 하는 의문을 갖게 된다.

4차 산업혁명의 가장 큰 단점 혹은 문제점은 '무작정 포장된 장점'에 있다. 4차 산업혁명의 편리함은 힘 좀 쓰는 집단에 의해 주장된 것이다. 장점이라고 불리는 것들의 실체를 가만히 보면 그 정도가 매우 미약하거나 정교하지 못하다.

지금의 4차 산업혁명은 장점이 정교하지 못하다는 이유로 단점을 메울 수 없는 구조로 가고 있다. 4차 산업혁명의 현재 혹은

4차 산업혁명 트렌드에는 '이용자'가 빠져 있기 때문이다. 이전보다 높아진 기술력, 3차 산업혁명에 비해 더욱 자동화되는 시스템 등 기술을 중심으로 한 관점에서 보면 애초 이용자가 고려의 대상이 될 수 없다. 따라서 4차 산업혁명으로 인해 어떠한 문제가 발생하게 될지를 말하기에 앞서 장점으로 거론되는 편리함 자체에 대한 질문이 필요하다. 4차 산업혁명은 우리의 삶을 과연 전보다 편리하게 만들까?

5년 후 세상을 만들 10가지 기술

우버와 에어비앤비가 증명한
3차 산업혁명의 핵심 가치

    각종 보고서, 뉴스, 영상 등 디지털과 IT에 대해 알려주는 자료는 많다. 나는 그중에서 특히 책 형태의 자료를 즐기는 편이다. 최근 10여 년간 국내에서 출간된 디지털과 IT 도서는 대부분을 읽은 것으로 기억한다. 책이 다른 자료에 비해 상대적으로 좋은 점은 '선택'을 강요하는 정도가 매우 덜하다는 것이다. 극히 일부를 제외하면, '이 책을 읽는 편이 좋을 것입니다. 그렇지 않으면 당신은 변화하는 세상을 따라갈 수 없습니다'라고 강요하지 않는다.

시간의 흐름과 함께 조용히 서가 뒤편에 자리 잡은 도서에도 나름의 쓰임새와 매력이 있다. 일본 IT 분야의 지식인으로 손꼽히는 우메다 모치오梅田 望夫가 집필한《웹 진화론 2》도 그런 책이다. 그는 이 책에서 '공유의 시대'에 대해 다음과 같이 서술한 바 있다.

> 플랫폼의 힘은 엄청나다. 개개의 조직이 어떤 사업을 주도할 때 들어가는 비용과 목표의 달성 속도는 대개 비슷비슷하다. 반면 모든 사람이 자유롭게 참여할 수 있는 플랫폼이 마련되면 진화의 속도는 획기적으로 빨라진다. 세계의 모든 수업과 강의, 강연이 리얼타임으로 전 세계 사람들에게 공개되는 일이 머지않은 미래에 현실로 나타날 것이다.
>
> ―《웹 진화론 2》, 우메다 모치오 저, 이우광 역, 재인, 2008. 8., 138쪽

3차 산업혁명은 공유를 키워드로 한다. 국내에 3차 산업혁명이라는 단어가 사용되기 시작한 시점은 2000년대 중반으로 거슬러 올라간다. 당시에는 주로 글로벌 시장 경제, 국가 경제 차원에서의 3차 산업혁명을 거론했다. 그리고 3차 산업혁명이 일종의 메인 프레임으로 등장한 것은 2012년을 전후한 시기다. 이 시기

는 앞서 밝힌 제레미 리프킨의 저서 《3차 산업혁명》이 국내에 출간되기 전후와 맞닿아 있다. 그는 이미 3차 산업혁명에 앞서 《노동의 종말》을 통해 기술의 두 측면을 논하기도 했다. 또한 정보 기술의 도입으로 사람이 노동으로부터 소외될 수 있으며, 공감을 기반으로 한 3차 산업혁명을 이뤄야 한다고 주장했다. 그는 3차 산업혁명을 통해 정보 기술의 발달이 사회 구조를 기존의 폐쇄형에서 개방형으로 바꿔놓고 있으며, 이에 따라 경쟁을 넘어 협업과 공유의 패러다임이 주목받을 것임을 피력한다.

이 시기를 전후해 국내에도 3차 산업혁명에 관한 소비가 확산되기 시작했다. 경쟁에서 협업으로, 소유에서 공유로, 경제 구조와 일하는 방식이 변화될 것임에 관한 예측이 쏟아져 나왔다. 협업과 공유의 대명사로 종종 거론되는 우버와 에어비앤비 역시 당시의 3차 산업혁명과 가치를 공유하고 있다. 이제 대부분의 이는 인터넷으로 음악을 감상하는 것에 익숙하다. 그 사이 LP판과 CD는 저 멀리 자취를 감췄다. 스트리밍 라이브 방송 역시 3차 산업혁명의 산물이다. 꼬박 하루의 왕복 비행을 통해야만 들을 수 있었던 해외 강연이나 공연을 동영상 플랫폼을 거쳐 실시간으로 즐길 수 있는 시대. 이 역시 3차 산업혁명이 말하는 협업과 공유의 사례다.

스마트폰이 보급되던 시기, 우리는 어떤 키워드에 주목했는가

협업과 공유는 곧 소유의 종말로 연결된다. 3차 산업혁명은 정보 기술의 발달과 더불어 에너지 혁명을 또 다른 축으로 삼고 있다. 국내외 관련 기관이 2010년을 전후해 발표한 '내년도 키워드' 역시 공유와 협업 그리고 에너지 절약을 담았다. 2010년과 2011년 한국정보화진흥원과 가트너가 어떤 키워드를 발표했었는지 알아보자.

한국정보화진흥원이 발표한 키워드	
2010년	2011년
① 그린 IT	① 스마트폰
② 스마트폰	② 모바일앱
③ 오픈플랫폼(스마트폰 OS)	③ 태블릿 PC
④ 클라우드 컴퓨팅	④ 소셜비즈니스
⑤ 모바일웹앱(web-app)	⑤ 모바일 오피스
⑥ IT와 전통산업의 컨버전스	⑥ 3D
⑦ 정보 보안	⑦ 클라우드 컴퓨팅
⑧ 소프트웨어, IT 서비스	⑧ 모바일인터넷
⑨ 소셜네트워크 서비스	⑨ 개인정보침해
⑩ 위치기반 서비스	⑩ 그린 IT

출처: 〈2010년 IT 분야 10대 전략 이슈와 시사점〉, 한국정보화진흥원
〈2011년 IT 트렌드 전망 및 정책방향〉, 한국정보화진흥원

가트너가 발표한 키워드	
2010년	2011년
① 클라우드 컴퓨팅	① 클라우드 컴퓨팅
② 고급 분석	② 모바일앱 및 미디어 태블릿
③ 클라이언트 컴퓨팅	③ 소셜커뮤니케이션 및 협업
④ 그린 IT	④ 비디오
⑤ 데이터센터 재설계	⑤ 차세대 분석기술
⑥ 소셜 소프트웨어 및 소셜컴퓨팅	⑥ 소셜 분석
⑦ 이용자 행동 모니터링	⑦ 맥락인식 컴퓨팅
⑧ 플래시 메모리	⑧ 스토리지 클래스 메모리
⑨ 가용성을 위한 가상화	⑨ 유비쿼터스 컴퓨팅
⑩ 모바일 앱	⑩ 패브릭 기반 인프라 및 컴퓨터

출처: 〈TOP 10 Strategic Technologies 2010〉, 가트너
〈TOP 10 Strategic Technologies 2011〉, 가트너

한국정보화진흥원과 가트너 외에도 전 세계 다양한 기관 및 업체에서 대동소이한 키워드를 2010년에 이어 2011년의 주목할 만한 기술로 선정했다. 이 키워드의 대부분은 3차 산업혁명을 규정하던 공유, 협업, 에너지 절약과 연계되는 정보통신기술이었다. 모바일의 일상재화, LTE(4G) 인프라의 등장, 공유 서비스를 구현하는 애플리케이션, 그리고 친환경 IT 기술 등이 당시를 대표했다.

변화의 선두에 나선
사물인터넷과 인공지능

3차 산업혁명을 넘어 4차 산업혁명을 말하는 지금은 사물인터넷과 인공지능이 전면에 등장했다. 사물인터넷과 인공지능은 사실 전에 없던 새로운 것이 아니다. 기존에 언급된 기술이 진화했거나 실제 구현 과정에서 이들을 활용하는 것일 뿐이다. 2017년 열린 '가트너 심포지엄/IT 엑스포*Gartner Symposium/ITxpo*'에서 언급한 미래 IT 기술 트렌드 가운데 일부를 소개하자면 다음과 같다.

- 2020년 가상·증강현실을 통한 구매 고객이 1억 명에 달할 것이다.
- 2019년 브랜드의 20퍼센트가 전통적인 모바일앱을 포기하게 될 것이다.
- 2020년 IT 기술(분석 알고리즘)을 통해 수십억 노동자의 업무 형태가 (긍정적으로) 변형될 것이다.
- 2022년 블록체인 비즈니스가 약 100억 달러 규모로 성장할 것이다.
- 2021년 기업 비즈니스의 약 20퍼센트가 7대 디지털 기업(애플,

구글, 페이스북, 아마존, 바이두, 알리바바, 텐센트)과 연결될 것이다.

- 2022년 사물인터넷을 통해 약 1조 달러의 비용을 절감할 수 있을 것이다.

(참고: ⟨Gartner's 10 strategic predictions for 2017 and beyond⟩, networkworld.com)

이어서 '2018 가트너 10대 전략 기술'에서는 향후 5년간 세계를 움직일 주요 기술로 사물인터넷과 인공지능이 언급되었다. 자세히 살펴보자면 다음과 같다.

① 인공지능 기반 비즈니스*AI foundation*: 기업 디지털 혁명의 핵심 동력은 인공지능

② 지능형 앱 분석*intelligent apps & analytics*: 미래의 모든 앱은 인공지능과 연결될 것

③ 지능형 사물*intelligent things*: 미래의 사물인터넷은 인공지능과 연계되어 발전하게 될 것

④ 디지털 트윈*digital twins*: 사물인터넷의 핵심 동력으로써 디지털 트윈이 작용하게 될 것

⑤ 에지 컴퓨팅*cloud to the edge*: 사물인터넷을 포함한 IT 개발 설계 시 에지 컴퓨팅이 주로 사용될 것

⑥ 대화형 플랫폼*conversational platform*: 기업과 이용자 간 커뮤니케이션은 대화형 플랫폼을 중심으로 발전될 것

⑦ 몰입 경험*immersive experience*: 가상·증강현실 기반 서비스가 이용자의 경험을 강화하게 될 것

⑧ 블록체인*blockchain*: 기업의 핵심 디지털 플랫폼에 블록체인이 위치하게 될 것

⑨ 이벤트 반영 비즈니스*event-driven model*: 서비스와 이용자의 변화(이벤트) 추적 및 기반 비즈니스가 디지털 혁신의 중요 요소로 자리하게 될 것

⑩ 지속적 위험과 신뢰평가*continuous adaptive risk and trust*: 보안과 리스크 관리의 중요성이 증가하게 될 것

4차 산업혁명을 규정하는 다양한 기술과 관련해 한 가지 주목할 만한 지점은 기술 수명 주기(특정 기술의 지속 가능 시간)가 급속도로 단축되고 있다는 점이다. 이에 대해 비즈니스와 기술에 관한 저널리스트인 새뮤얼 그린가드*Samuel Greengard*는 저서 《사물인터넷이 바꾸는 세상》에서 다음과 같이 말한다.

수년에서 수십여 년이었던 기술 수명 주기가 수개월로 압

축되는 사례도 등장하고 있다. 그 충격파의 근원지는 이제 막 시작된 사물인터넷이다. 사물인터넷 시장은 혁신가와 얼리 어답터 사이의 수용 단계에 머물고 있는데 이는 언젠가 기술 수명 주기와 비즈니스를 설명하는 유용한 틀이 될 것이다.

— 《사물인터넷이 바꾸는 세상》, 새뮤얼 그린가드 저, 최은창 역,
한울엠플러스(주), 2017. 1., 9쪽

소나기가 아니라
가랑비처럼

이러한 개별 IT 기술 혹은 개별 IT 기술이 융합되어 만드는 비즈니스는 하나의 예외 없이 '천천히 오랜 시간 누적되어온 기술 진화'다. 그리고 기술 진화는 개인의 일상 및 사회 변화와 연결된다. 그래서 우리는 급격한 사회 변화 속에서도 이를 실제 체감하지 못한다. 체감하지 못하기 때문에 3차 산업혁명이나 4차 산업혁명이라는 용어, 그리고 용어가 함의하는 사회적 변화에 민감하게 반응하지 않는다. 날씨 변화에는 하루 단위로 촉각을 곤두세우지만 일상의 패러다임 변화에는 꽤나 둔감하다.

나는 이를 기술 변화의 특이성과 그에 따른 이용자의 행동 특성으로 규정한다. 기술 변화는 시간의 흐름과 함께 사회 변화에 끼치는 영향력을 확대해가고 있음에도, 천천히 누적되어 어느 순간 우리의 일상에 진입한다. IT 기술 그리고 이를 기반으로 탄생하는 새로운 산업 혁명과 패러다임은 소나기가 아니라 가랑비다. 가랑비에 옷 젖는 줄 모르듯 우리는 IT 기술이 우리의 일상을 변화시키고 있음을 깨닫지 못한다.

그리고 짚어야 할 것이 있다. 선택은 우리 몫이 아니라는 점이다. 또한 반드시 무엇인가를 선택해야만 하는 편향된 조건으로부터 벗어날 수 있어야 한다. 4차 산업혁명과 같은 IT 기술을 기반으로 삼아 탄생하는 새로운 패러다임에 있어 가장 경계하는 것은 '4차 산업혁명을 포함한 모든 거대 패러다임에 있어 최종 선택은 오롯이 이용자 개인의 몫'이라는 주장이다.

이 주장은 무책임하지만 우리가 모르는 사이에 암묵적인 공감대로 발전할 가능성이 있다. 가랑비는 하늘의 뜻이므로 우리가 제어할 수 있는 것이 아니라고 여겨지기 때문이다. 그런데 산업혁명은 사람이 만드는 것이다. 엄격히 말하면 우리 가운데 일부가 조직의 힘을 통해 구현하고 확산시키는 기술이며 현상이다. 그리고 이제 기계가 스스로의 지능과 자동화된 프로세스를 무기로써 관여하게 되는데, 이 역시 사람이 도출해낸 결과물이다. 앞서 말한 대로 오랜 시간 천천히 준비해서 어느 순간 우리의 일상을 변화시키는 것이다.

따라서 선택하지 않을 수 없도록 궁지에 몰아넣고는 '선택은 개인의 몫'이라고 말하면 너무 무책임하다. 더 무서운 것은 그 어떤 선택도 하지 않았는데 변화된 세상의 한가운데에 놓인 이도 있다는 사실이다.

누군가는 다음과 같이 반박할 것이다. '당신은 왜 그러한 선택을 했는가? 그리고 당신은 왜 다른 사람들과 달리 아무런 선택을 하지 않았는가?' 그럼 이렇게 답해야 한다. '우리에게 누군가가 충분한 설명을 한 적이 있는가? 변화에 대해서 형식적인 동의서 한 장이라도 건넨 적 있는가? 그리고 당신은 특정 개인이 아무런 선택을 하지 않았을 때, 전과 동일한 환경을 보장하기 위한 노력을 기울인 적이 있는가? 아무런 동의 없이 파워게임을 시작해놓고, 왜 준비할 수 없는 이들에게 자비로운 듯이 선택지를 강요하는가?'

3차 산업혁명은 당신의 알 권리를 충분히 보장하지 않았으며 4차 산업혁명 역시 그러할 것이다. 그렇다고 이런 문제 제기를 기술 진화와 사회 변화를 부정하는 것으로 해석하면 매우 곤란하다. 변화를 애써 막자는 뜻이 아니다. 사전에 제대로 알지 못하고, 사후에 제대로 선택하지 못한 개인에게 책임을 지울 수 없다는 것. 이것이 핵심이다.

지배될 것인가,
지배할 것인가

비즈니스 최전선에서 말하는
기술과 융합

4차 산업혁명은 비즈니스 현장에서도 자주 거론되고 있다. 이
제 막 사회에 발을 내딛은 어느 초년생의 하루를 살펴보자.

중견 IT 솔루션 개발사에 신입으로 입사한 Y. 그는 대학을
졸업하고 2019년 3월 사회생활을 시작하게 되었다. 말쑥한 정
장차림으로 회사 건물에 들어선 그는 사전에 공지된 대로 곧

장 오리엔테이션이 진행되는 회의실을 향해 발걸음을 옮긴다. 회의실 전면의 대형 스크린에는 '4차 산업혁명'이라는 단어가 회사 이름보다 훨씬 크게 새겨져 있다.

"반갑습니다. 신입사원 직무 오리엔테이션을 진행하게 된 ○○○ 팀장입니다. 여러분, 4차 산업혁명이라는 말을 들어봤습니까?"

팀장의 질문에 여기저기에서 '그렇다'는 답변이 들려온다. 팀장이 이어서 말한다.

"우리 회사는 4차 산업혁명 시대를 선도하는 다양한 솔루션을 개발하고 있습니다. 지난 10년 동안은 기업 간 거래 시장을 위주로 활동했지만, 앞으로는 개인 고객을 대상으로 한 서비스를 제공하기 위해 준비하고 있습니다. 모두가 알다시피 4차 산업혁명은 가상 세계와 현실 세계가 융합하며 새로운 패러다임을 열고 있습니다. 이는 우리에게도 새로운 기회를 제공하고 있습니다. 우리 회사가 개인 고객을 대상으로 하는 서비스를 제공할 예정임을 알고 있습니까?"

"네. 알고 있습니다."

"우리 회사는 그동안의 개발 노하우를 기반으로 삼아 증강현실 콘텐츠 개발사 및 인공지능 플랫폼 개발사 등과의 협력을 통해 좀 더 진일보한 기술을 시장 내에 선보이게 될 것입니다."

　　팀장은 회사가 보유한 다양한 IT 기술이 4차 산업혁명 시대
를 선도할 수 있는 무궁무진한 가능성을 가졌다는 사실에 대
해 한 시간이 넘도록 설파한다. 기업 고객 대상의 솔루션을 개
발 및 운영하던 것에서, 4차 산업혁명 시대에는 일반 개인 고
객 시장에까지 진출할 수 있음에 대해 나름의 자부심을 갖고
있는 터다. 긴 시간 동안 열정적으로 발표에 임한 팀장의 이마
에는 땀방울이 맺힌다. 회사와 회사가 보유한 기술력에 관한
그의 자부심은 발표를 마친 이후 한층 강화된 듯하다.

　　팀장의 발표 모습은 신입사원 Y에게 어떠한 내용을 전달했을
까. 팀장이 열정적인 사람이고 회사에 자부심을 느끼고 있다는
점 외에도 '4차 산업혁명은 IT 기술의 융합'이라는 사실을 느끼게
했을 것이다. 비즈니스 최전선에 위치한 대부분의 주자가 말하는
4차 산업혁명은 IT, 기술, 융합이다. 업계에서 통상 레거시*legacy*
로 부르는 그들이 이미 보유한 각종 IT 기술 지표에 파트너의 기
술이 더해진다. 나는 이를 '4차 산업혁명의 블랙박스'라고 규정한
다. 정확히는 일반 이용자가 전후 관계를 정확히 확인 불가능한

암흑의 블랙박스*dark black box*다.

　우리가 각종 채널을 통해 말하고 듣는 4차 산업혁명은 기술 진화, 기술 융합에 따른 사회 변화와 살을 맞대고 있다. 이는 엄밀히 말하면 이용자 삶의 변화를 위한 기술 진화 과정이 아니다. 순서가 바뀌어 있다. 4차 산업혁명의 판, 그러니까 약육강식의 생태계를 만들어가는 과정은 철저히 기술을 기반으로, 기술을 향해 진화한다. 이용자는 마케팅적 수사에 가깝다. 애초 이용자가 결여된 기술 진화 중심의 사고방식과 시스템에서 이용자 중심의 미래 사회는 마케팅적 수사다. 애초 각론에 접근이 불가능한 구조 속에서 사람, 이용자, 행복한 미래 등의 우아한 목표를 통해 우리에게 다가오고, 때로는 무섭게 전파된다. 이 순간 이용자는 코너에 몰린다. 이용자에게 그 어떤 사전 동의 없이 변해 버린 사회는 기술이 만들어놓은 새로운 세상에서 궁지에 몰린 당신에게 다음 두 선택지 중 하나를 선택하라고 강요한다. '지배될 것인가, 지배할 것인가?'

기술회의론이라는 지적,
교과서적 이야기라는 반론

혹자는 위 선택지에 대해 다음과 같이 반론할 것이다. 지배라는 단어 자체는 기술회의론에 입각한 것이며 4차 산업혁명과 이용자는 승패를 겨루는 경기가 아니라 함께 성장하는 동반자의 관점으로 봐야 한다고. 물론 그 말에 100퍼센트 공감하며 지지를 보낸다. 그러나 그 말은 교육 과정에서의 이론적 지향점일 뿐이다. 지금의 4차 산업혁명 생태계는 기술과 이용자 혹은 기계와 이용자를 동반자의 관점으로 볼 수 없는 구조로 가고 있다. 성립 자체가 불가능에 가까운 구조 속에서 앞뒤가 맞지 않는 교과서를 이야기하고 있는 것이다.

4차 산업혁명 생태계를 단순화시키면 크게 두 가지 축이 존재한다. 4차 산업혁명의 한 축에 편입되어 생태계를 구성하는 플레이어와 이들이 만들어내는 산물을 코너에 몰린 채 선택해야 하는 이용자다. 4차 산업혁명 생태계에서 힘깨나 쓴다는 기업은 플레이어다.

2018 러시아 월드컵을 생각해보자. 드넓은 경기장을 누비는 선수들에게는 '이기든가, 지든가'라는 두 개의 답안지가 놓여진다.

이 경우 대체로 과정은 결과에 수렴된다. 모든 스포츠는 그 자체로 생산적이지는 않지만 열정적인 팬과 수십 년 이상 구축된 인프라, 이들을 보이지 않는 곳에서 지원하는 스태프를 통해 생산성을 갖게 된다. 스포츠에 부여된 생산성의 처음과 끝은 팬이다.

4차 산업혁명에 있어 기술은 스포츠와 같다. 그 자체로는 생산적이지 않다. 4차 산업혁명은 결국 이용자를 통해 가치를 갖게 된다. 이용자를 기술 앞에 놓아야 하고, 기술 진화 과정에 대한 이용자의 알 권리가 일정 부분 충족되어야 한다. 이용자의 알 권리가 보장되지 않은 4차 산업혁명은 암흑의 블랙박스다.

2018년 현재, 인공지능에게 설명을 요구하는 시대로 들어섰다. 우리는 이를 '설명 가능한 인공지능'으로 부른다. 인공지능은 기술 구현 수준에 따라 강인공지능과 약인공지능으로 구분된다. 강인공지능은 인간과 거의 유사한 지능 수준을 구현하는 것, 약인공지능은 사람이 하던 일을 일부 대체하는 것을 목표로 하는 인공지능이다. 인공지능을 소재로 한 영화에서 구현되는 것들은 강인공지능, 인공지능 스피커와 챗봇 등 현재 우리 일상에 진입해 있는 다양한 인공지능 서비스는 약인공지능에 해당된다. 인공지능에게 설명을 요구하는 것은 인공지능이 갖는 태생적 한계인 블랙박스 구조에 관한 위험성으로부터 출발한다. 강인공지능과 약인공지능은 기술 진화 측면에서 구분한 것인데, 이를 이용자 입장에서 냉정히 해석하면 강블랙박스와 약블랙박스로 구분할 수 있다.

4차 산업혁명 역시 다르지 않다. 이용자가 소외된 4차 산업혁명 생태계는 강블랙박스, 특정 4차 산업혁명 서비스와 기술은 약블랙박스다. 4차 산업혁명이 갖는 태생적 한계는 블랙박스 구조에 있다. 이는 판의 구성 과정에서 처음부터 끝까지 소외된 이용자, 사전 커뮤니케이션의 부재, 충분한 설명이 불가능한 어두운 생태계 구조를 의미한다. 태생적 한계를 극복하는 방법론에는 다양한 의견이 존재하나, 4차 산업혁명의 경우 큰 틀에서의 생태계 자체를 처음부터 다시 생각해보아야 한다. 이는 프레임 재설계를 의미한다. '기술 진화를 통한 이용자의 일상 변화인가, 이용자의 일상 변화를 위한 기술 진화인가?' 이 질문에 당당할 수 있다면, 혹은 도의적 책임을 가져갈 수 있다면 우리는 4차 산업혁명 시대의 '인간'을 논할 기본 자격을 갖추게 된다. 그렇지 않다면 우리는 철저히 세속적으로 가야 한다. 그래야 떳떳할 수 있다. 지금의 우리처럼.

언제나 답은
현장에 있다

SF 영화 수준에
머물러 있는 담론

　나는 현장이 반영되지 않은, 오롯이 책으로 배운 이론을 경계한다. 단 1년이라도, 단 1달이라도 현장에서 머리가 터질듯 고민해본 사람의 의견에 귀를 기울인다. 이런 고민을 해본 사람이라면 수백 명 남짓한 표본에 근거한 설문 몇 개로 미래 사회를 예측하거나, 기술이 사회에 미치게 될 영향에 대해 쉽게 단정하지 않는다. 그럴 듯한 명함 한 장 내밀 수 없더라도, 그럴 듯한 학위 하나 내밀 수 없더라도 미쳐서 해본 사람, 먹고 살기 위해 심장이 터질듯 한 압박을 견뎌본 경험이 있는 사람의 말에 신뢰를 부여한다. 그들의 말은 디자인된 듯, 자로 잰 듯 예쁘지 않다. 그저 투박한 말투 속에 무심한 듯 지나쳐갈 각론이 담겨 있다.

'세상의 본질은 무엇인가?' '나는 누구인가?'와 같은 고대철학에서의 본질 탐구와 그 속에서의 각론을 4차 산업혁명과 같은 이종 분야에 대입하자는 것이 아니다. 그럴 듯한 수사를 곁들여 이들을 융합이라는 더욱 그럴 듯한 프레임 안으로 넣고자 함은 더더욱 아니다. 심플하다. '좋아. 그래서 4차 산업혁명이라는 녀석의 정체가 뭔데? 겉으로 드러나는 지향성과 안에 꽁꽁 숨겨둔 실제 목적이 뭔데?'라는 의문에 관해 이용자를 중심으로 검토해야 한다는 것이다. 검토해서 본의 아니게 안에 숨어버린 것들을 겉으로 다 펼쳐놓고 논의할 때가 되었다는 것이다. 각론 없는 담론 혹은 현상 분석은 이미 수십 년 전 태동한 공상과학 소설이나 미래학자의 예측서 수준을 넘어설 수 없다. 기본적으로 철학은 철학다워야 하고, 과학은 과학다워야 하며, 광고는 광고다워야 한다고 믿는다. 또한 이러한 것들은 시대의 흐름에 맞춰 융합되고, 관련 융합된 사고를 할 수 있는 인재를 양성해야 한다는 것에 전적으로 동의한다.

그러나 이들을 융합이라는 명분 아래 혼탁하게 섞여야 하는 과정에서도 지켜져야 할 기준이란 것이 존재한다. 본질이다. 고민해보지 않은 것을 마치 엄청난 것을 발견한 것처럼 섞어서 4차 산업혁명이라는 프레임 안으로 억지로 편입시키는 행위는 최소화시켜야 한다. 이러한 것들로부터 발견되는 불변의 법칙은 각론이 없다는 것이다. 각론은 본질에 대한 고민으로부터 나오기 때문이다. 개별 영역이든 융합된 영역이든 본질을 흐리는 행위는 최소화되어야 한다.

4차 산업혁명은 그 자체로 각론과는 거리가 멀다. 따라서 각론 없는 허무함을 쫓는 것을 더욱 경계해야 한다. 원래 그런 것이기 때문에 그대로 두거나, 그럴 듯하게 더 예쁜 말로 특정 조직에 유리한 판을 만들어가야 하는 성질의 것이 아니다. 4차 산업혁명은 각론을 만들어가는 과정이다.

'인간'을 고려하지 않은
논의는 가짜

4차 산업혁명에 관한 대다수의 각론에는 사람, 인간, 인류애 이런 것들이 포함되지 않는다. 그럼에도 나는 4차 산업혁명에 관한 대다수의 주장이나 분석에는 각론이 담겨 있어야 한다고 믿는다. 각론에는 두 가지가 있다. 첫째, 본질로부터 파생된 자연스러운 각론이다. 둘째, 기존의 강점을 가진 영역과 애써 짜깁기한 각론을 만들어내기 위한 각론이다. 전자는 우리가 부르는 각론이고, 후자는 가짜다. 기술 측면에서의 진짜 같은 가짜는 꽤나 흥미롭고 또 유용할 수 있지만, 본질 측면에서의 그것은 가짜일 뿐이다.

4차 산업혁명 속으로 파고드는, 그리고 4차 산업혁명이 파생시키고 있는 진짜 각론은 무엇일까. 도서《전략 PR: 핵심은 분위기다》의 저자 혼다 데쓰야本田 哲也는 본질에 대해 다음과 같은 사고가 필요함을 말하고 있다.

어떤 종류의 가치관이나 사고방식은 다양화되고 확대되는 것처럼 보이지만 사실은 얇게 퍼져 나가고 있을 뿐인 경우도 많다. 본질을 잊은 채 마치 수면에 퍼져 나가는 기름처럼 표면적인 확장만을 보인다. 거기에 떠오르는 것은 분단화, 세분화된 수많은 각론이다. "잠깐 뭔가 근본을 놓치고 있는 것은 아닐까?"하고 사회가 깨닫기 시작하는 그때가 본질을 다루어야 할 시점이다.

— 《전략 PR: 핵심은 분위기다》, 혼다 데쓰야 저, 이정환 역, 나무생각,
2018. 5., 176쪽

지금의 4차 산업혁명은 본질로부터 파생되는 각론을 중심으로 흘러가야 한다. 조금 부족하더라도 진짜 각론에는 현장과 현실이 담겨 있기 때문이다. 기술을 기반으로 탄생하는 새로운 변화라는 것은 현장, 현실, 그리고 이들을 몸으로 느껴본 사람의 치열한 고민을 기반으로 삼는다.

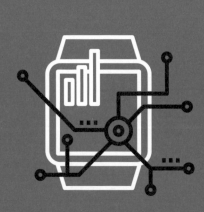

2부

IT 기술이
게임의 규칙을
바꾼다

기계와 벌이게 될
경쟁과 협동

사람과 로봇의 협업에서
주체는 누구인가

4차 산업혁명 시대의 협업은 크게 두 가지 의미를 갖는다. 첫째는 기업 간 인프라 개방을 통한 생태계 공동 구축이고, 둘째는 사람과 디바이스 간의 협업이다. 이 가운데 후자, '인공지능 기술이 탑재된 디바이스와의 협업'에 대해 알아보자.

사람과 디바이스는 어떻게 힘을 모으는가? 이 질문은 누가 누구를 돕는 것인가에 대한 것과 다름없다. 초연결에서 주체를 정의했듯, 사람과 디바이스와의 협업에 있어 주체가 누구인가를 정의하는 작업이다. 많은 사람이 4차 산업혁명 시대의 로봇은 사람이 수행하기 어려운 일의 상당 부분을 덜어낼 것이라고 말한다. 사람이 로봇의 도움을 받아 효율적인 업무 추진을 할 수 있다는 의미다.

과연 그럴까? 이 문장은 다음과 같은 보이지 않는 전제 하에 전개되고 있다. '인공지능 기술이 탑재된 로봇은 사람의 누적된 업무 패턴과 그동안의 오류값을 바탕으로 학습한다. 이를 통해 시키는 대로 움직이던 로봇에서, 스스로 판단하고 행동하는 로봇으로 진화한다. 3차 산업혁명이 자동화라면 4차 산업혁명은 지능화다.'

사람의 행동, 이로 인한 오류값 등의 데이터를 지렛대로 스스로 판단하고 행동하는 지능형 로봇이 사람을 돕는다? 나는 '사람보다 더 똑똑하고 효율적인 로봇이 사람에게 일정 부분 도움을 요청하는 것'이 더 적합한 표현이라고 확신한다. 4차 산업혁명은 로봇이 사람을 돕는 것이 아니라, 사람이 로봇을 도와 일하는 구조를 원하고 있다. 이것이 어떤 의미인지 두 가지 이야기를 통해 상세히 살펴보기로 하자.

서로 다른 문제에 강점을 보이는 로봇과 인간

우선, 인공지능 학자인 한스 모라벡Hans Moravec이 제시한 문장을 살펴보자. 그는 '로봇에게 쉬운 문제는 인간에게 어렵고, 로봇에게 어려운 문제는 인간에게 쉽다'고 했다. 이는 수십 년 전에 등장한 표현이지만 여전히 국내외를 막론하고 자주 인용된다. 정곡을 찌르는 말이기 때문일 것이다. 이는 반론의 여지가 없다. 다만 지금의 로봇과 사람 간의 협업은 로봇에게 쉬운 문제에 집중되어 있다. 그리고 전면에는 로봇에게 어려운 문제가 인간에게 쉬움을 내세우고 있다. 로봇에게 쉬운 문제를 생산하고 널리 전파하기 위해서 '로봇에게 어려운 문제는 인간에게 쉽다'는 사실을 꽤나 그럴 듯하게 이용하고 있다.

다음으로, 협업의 주체에 관해 살펴보자. '사람이 로봇의 도움을 받아 효율적인 업무를 추진할 수 있다.' 이 명제에 따라 붙는 사례를 가만히 들여다보면 유통 매장 등에서의 재고 관리, 공공 시설에서의 기본적인 고객 응대, 제조 시설에서의 공동 작업 등을 수행하는 로봇들이 등장한다. 이들의 공통점은 본래 저임금 고노동으로 분류되는 직군에 로봇이 투입되었다는 것이다.

물론 기피 직군의 인력난 해소에 열심히 기여하고 있는 로봇도 있다. 로봇을 개발하는 기업에서는 이를 광고하느라 바쁘다. 이러한 광고 속에는 또 다른 공통점이 발견된다. 사람이 로봇의 도움을 받아 효율적인 업무를 추진할 수 있다고 말하면서, 알맹이는 일자리가 줄어드는 내용으로 가득하다는 것이다. 그리고 기특한 로봇 덕분에 사람의 일자리가 대체되는데, 대체된 사람이 어떠한 분야의 고가치 일을 하고 있는가는 알려지지 않는다. 그런 사례는 거의 없음으로 수렴될 것이기 때문이다.

면밀하지 않고 정제되지 않은 로봇과 사람 간의 협업 사례는 우리의 귀를 어지럽힌다. 사람과 로봇 간의 협업을 말하는 것들의 가장 흔한 오류는 기존의 컴퓨터와 미래의 인공지능 로봇을 동일한 레벨로 놓고 해석하는 경우다. 미래의 인공지능이 지금까지의 컴퓨터 수준과 비교해 엄청난 발전을 할 것이라고 말하면서, 각종 이해관계자의 편의에 따라서는 이 둘을 동일 선상에 놓는다. 그리고 이러한 해석은 이곳저곳으로 전파된다.

'2018년 현재는 로봇이 사람의 일자리를 천천히 대체하고 있다. 그리고 로봇이 사람을 돕는다는 것에는 이로운 측면만 있는 것은 결코 아니다.' 이 이상의 미사여구는 과유불급이다. 본의가 그러한가는 고려 대상이 되지 않는다. 법률적 판단을 내리는 것이 아니기 때문이다. 본의 아니게 사람이 로봇을 도와 일하는 시스템이라면 주객이 전도된 것이다. 이 경우라면 우리는 둘 중 하나를 선택해야 한다. 주객이 전도되었음을 인정하거나, 주객을 제 자리에 맞춰 위치시키거나. 이분법적으로 둘 중 어느 것이 옳다, 틀리다로 해석하기는 어렵다. 산업화 과정에서, 그리고 자동화로 대변되는 3차 산업혁명 과정에서 물러나야만 했던 사람 혹은 사람의 공간은 늘 존재했던 것이기도 하다.

다만 '예전에도 그러했으니, 앞으로도 얼마든지 그럴 수 있다'는 생각을 잠시 벗어나보기로 한다. 좀 더 바람직한 방향으로 갈 수 있는 방법 그리고 이 방법을 실행하기 위해 어떠한 관점으로 접근할 것인가에 관해 고민해보기로 한다. 이것이 선행되어야 로봇과의 협업을 좀 더 마음 편히 말할 수 있을 것이기 때문이다.

일자리 감소와
업무 재배치

로봇이 높은 효율을 요구하는 업무를 수행할 것이니, 사람이 이를 도와야 한다면 우리는 또 다시 선택지 앞에 서게 된다. 일하는 사람의 수를 줄일 것인가, 사람의 기존 업무를 재배치할 것인가? 대부분의 답은 후자에 맞춰질 것이다. 사회적 평가, 평판으로부터 자유로워야 하고, 장기적 관점에서 보면 기업 성장 측면에서 좀 더 효율적인 선택지가 될 것이기 때문이다. 물론 지금 이대로라면 사회적 평가가 '사람이 로봇을 돕는 것이 당연한 것'으로 여겨질 수도 있다. 적어도 현재의 기준으로 보면 이는 상식적이지 않다. 따라서 현재는 어떠한 업무에 재배치할 것인가에 대한 검토가 병행되어야 하는 시점에 있다.

이는 사람과 로봇에 관한 학습의 관점을 전이시키는 것으로부터 출발한다. 즉, 로봇이 사람을 통해 배우는 것이 아니라 사람이 로봇을 배움으로서 그들을 관리할 수 있도록 하는 것이다. '공장 시스템이 멈출 수 있다. 공장 화재가 발생할 수 있다'라는 예견 혹은 예지를 제공하는 로봇을 만들기 위해 노력하는 것 이상으로 개발된 로봇의 작동 원리 그리고 로봇을 컨트롤할 수 있는 방식을 학습하는 것이다.

그럼 로봇 개발자, 운영자를 통해 기존 직원들을 교육시키면 되는 것 아닌가? 그리 간단하지 않다. 교육에 앞서 사람과 협업하는 로봇의 원리, 장점과 단점 등이 충분히 개방되고 납득 가능한 수준에 도달해야 한다. 이는 결국 앞서 말한 '통제 가능한, 설명 가능한 디바이스'의 검토와 궤를 함께한다. 통제 가능하면서 동시에 설명 가능한 로봇이어야만 사람의 기존 업무를 재배치할 수 있을 것이기 때문이다.

사람과 로봇의 협업은 로봇이 사람을 대신하거나 사람이 로봇을 돕는 과정이 아니다. 웹과 모바일 시대를 거치며 일일이 눈으로 확인하던 업무를 웹을 통해 일정 부분 자동화시킨 경험이 있을 것이다. 이는 반복되고 고단한 업무를 수행하던 실무자가 관리자의 역할을 수행하게 됨으로서 이전 대비 편한 환경에서 근무할 수 있음을 의미한다. 이 경우 사람의 일자리가 사라지는 경우는 거의 없다. 단지 업무 환경이 개선되는 것이다. 로봇과의 협업 역시 마찬가지다. 가끔 실수도 있고 효율성 측면에선 여전히 물음표인 사람의 작업이 로봇을 통해 일정 부분 물음표를 지워가는 과정이다. 그리고 개별 프로세스의 작업자가 개별 프로세스의 관리자로서 좀 더 편한 환경에서 일할 수 있도록 하는 과정이다. 로봇이 사람을 대신하는 것이 아니라 로봇이 사람을 돕는 것이다. 그리고 로봇이 사람을 학습 대상으로 삼는 것이 아니라 통제 및 설명 가능한 로봇을 사람이 학습하고 관리하는 것이다.

1인 생산과 1인 소비라는
새로운 패턴

나는 로봇이 등장한다고 해서 전체적인 사람의 일자리가 줄어들 것이라고 생각하지 않는다. 지난 세 차례의 산업혁명 시대에도 산업 유형과 사회의 패러다임이 바뀌었을 뿐, 전체적인 사람의 일자리는 증가했다. 이 과정에서 경제 분야 전문가로 불리는 이들 가운데 미래 일자리에 관한 부정적인 의견을 제시하는 이역시 상당수 존재했다. 하지만 이미 수십 년의 세월이 그들의 의견은 틀렸음을 증명했다. 다만 그들의 의견과 논리는 충분히 가치 있는 것이었다. 그리고 '지금 1만 개의 일자리가 있는데, 앞으로 5천 개의 일자리가 추가로 생겨날 수 있다'는 식의 절대 수치보다 중요한 것이 있다고 믿는다. 사라질 일자리보다 생겨날 일자리에 주목해야 한다는 생산적인 질문보다 중요한 것이 있다고 믿는다.

그럼에도 IT 기술의 본의와 다르게, 사람의 본의와 다르게 떠밀려가야만 하는 이가 없겠는지 물을 수 있다. 5천 개가 아니라, 5만 개의 일자리가 늘어난다고 해도 공간을 내어줘야 하는 사람은 생긴다. 이를 당연하게 여기는 이들의 논지는 명확하다. 경쟁을 통한 생존, 그리고 단순화된 업무의 소멸은 지극히 당연하다는 것이다. 지난 200여 년의 산업혁명은 공장과 제조 산업을 통한 일자리 창출, 플랫폼과 IT 서비스를 통한 일자리 창출과 연결됐다. 그리고 사물인터넷과 인공지능이 만들어낼 1인 생산과 1인 소비 등은 결국 그 자체로써 일자리와 연결될 것이며, 우리는 이미 이러한 변화를 목격하고 있다. 따라서 이러한 논리 전개 자체를 부정하기는 어렵다.

다만 그럼에도 대안은 없겠는가에 관한 고민을 할 필요가 있다. 그리고 무엇보다 중요한 것은 이는 경쟁에서 밀려나야만 하는 이들, 단순화된 업무에 놓인 이들이 아닌, 새로운 인프라를 검토하는 이들이 주체가 되어야 한다는 것이다. 지극히 당연한 이치에 따라 밀려나야만 하는 이들에게 선택 가능한 대안을 제공하기 위해서는 사람과 IT 기술과의 협업에 관한 관점을 새롭게 정립할 필요가 있다. 4차 산업혁명 시대의 사람과 IT 기술은 곧 사람, 그리고 사람을 대신할 수 있는 로봇과의 협업임을 가정하면 더욱 그렇다.

대다수의 플레이어가 주장하듯, 사람과 로봇과의 협업은 '누가 누구를 짓밟고 일어서는 것'이 아니다. 그러나 애써 짓밟지 않아도 밟히는 집단은 생겨난다. 컴퓨터의 탄생 이래 가장 거대한 물결로 불리는 모바일은 우리의 삶은 편리하게 만들었다. 모바일이라는 녀석에게 나의 일상 가운데 일부를 제공하고 그 대가로 엄청난 편리함을 얻었다. 모든 이에게 해당되는 것은 결코 아니지만, 적어도 우리 세대의 대다수는 그럴 것이다. 그리고 편리한 삶 속에서 우리 대다수가 생산하는 각종 데이터는 몇몇 기업과 개인의 삶을 풍요롭게 만들어주었다. 이 간극은 우리가 열광하는 4차 산업혁명 시대를 맞아 더욱 벌어질 것이다.

왜 '몇몇'에 편입되지 못하는가, 왜 '몇몇'을 바라만보고 있는가 라고 묻는다면 이는 무책임함의 문제다. 1차 책임은 '몇몇'에 있다. 몇몇에 해당하는 집단 혹은 개인의 수가 늘어날 것으로 예상되는 현재에 있어 우리가 해야 하는 것은 그들에게 계속해서 질문을 던지고 관찰하는 것이다. 당신에게 주어진 유일한 책임은 시대를 따라가는 것이 아닌 시대를 만들 것이라고 말하는 이들에게 질문을 던지는 것이다.

이는 4차 산업혁명을 부정하거나 거스르는 과정이 아니다. 또한 기술이 불러오는 사회적 계층 분할 현상을 일컫는 '디지털 디바이드'를 논하는 것 역시 아니다. 디지털화된 정보에 누가 얼마나 쉽게 접근할 수 있느냐는 더 이상 논쟁의 대상이 되지 못한다. 정보의 접근이 아니라, 정보의 큐레이션의 시대로 진입했다. 충분히 알고 있다. 문제는 정보 격차가 아니다. 접근성이나 큐레이션의 기술적 방법론은 더더욱 아니다. 이 경우라면 애초 태생적 한계나 태생적 불평등으로 접근하는 편이 낫다. 때로는 이러한 부작용을 상쇄하는 과정에서 기술이 가치를 갖게 될 수도 있다.

본질적인 문제는 다른 지점에 있다. 우리가 열광하는 4차 산업혁명은 협업과 공유라는 그럴 듯한 포장지 속에 두 개의 대립 축을 분할하고 계층화시킨다. 플레이어와 이용자다. 교과서에서는 플레이어를 을, 이용자를 갑으로 가르친다. 현실은 다르다. 갑과 을의 계층 구조 자체가 성립되지 않는다. 이 둘은 푸시와 수용의 대상이다. 스마트폰의 설정 메뉴에서처럼 거부할 수 있는 성질의 것이 아니다. 4차 산업혁명 시대의 이용자는 플레이어의 갑이 될 수 없다. 일방적인 수용자다. 이 구조에서 플레이어는 이용자가 마치 선택의 권리를 가진 것처럼 프레임을 씌운다. 다시 한 번 말하지만 4차 산업혁명을 부정하거나 거스르는 과정이 아니다. 아이와의 대화를 통해 아이가 올바르게 성장하도록 돕는 과정이다. 이는 4차 산업혁명의 '부모'인 우리의 권리이자 의무다.

디지털 혁신은
100미터 달리기가 아니다

　A는 초등학교 1학년 아이를 둔 부모다. 오늘은 특별히 시간을 내어 아이 학교에 찾아왔다. 체육대회에 참석하기 위해서다. 100미터 달리기 종목에서 반대표로 뽑힌 아이를 보니 뿌듯하다. 출발선에 나란히 선 채 긴장 가득한 표정으로 골인 지점을 바라보는 아이. 출발의 총성을 기다리는 눈빛에서 사뭇 진지함이 묻어난다. 아이를 따라 침이 꼴딱 넘어가는 가운데 짐짓 아이를 향해 웃음

을 지어 보인다. 전력을 다해 달린 아이는 골인 지점에 다다라서는 제 발에 걸려 넘어지고 말았다. 울음을 터뜨리는 아이. 놀라서 아이에게 달려가 무릎에 묻은 흙을 털어준다. 아이의 손을 잡고 결승지점을 향해 천천히 걸어가는 A의 눈앞으로 1등을 한 아이와 그 부모가 스친다. 태연한 척했지만 1등을 놓친 아쉬움이 우승 함성 사이로 고개를 내민다.

4차 산업혁명은 100미터 달리기를 거부한다. 동일한 출발선에 일렬로 서 있지 말라고 한다. 한 뼘도 안 되는 좁은 점을 향해 모여들지 말고 드넓은 원 모양으로 퍼져나가야 한다고 주문한다. 그런데 실상은 어떠한가. 누구보다 경쟁에 시선을 빼앗긴 부모가 아이에게는 '결과보다 노력 그 자체가 중요하단다'라고 이야기하듯이, 우아한 거짓말을 한다. 4차 산업혁명이라는 경주에서도 얼마나 빨리 시작하는지는 대체로 골인 지점에 들어가는 순서와 연결되고는 한다.

모바일 빅뱅 시대의 대한민국은 빠름공화국이었다. 그 덕분에 여전히 우리는 세계 최고 수준의 빠름 속에 살고 있다. 스마트폰 가입자 수와 인구 대비 비중, 모바일 인터넷 이용자 수 등 모든 면에서 부동의 세계 1위다. 3G부터 시작된 속도 경쟁은 LTE가 들어선 2012년을 전후해 더욱 가속화되었다. '최초'를 키워드로 한 광고 카피가 매체를 뒤덮었다. 모바일 네트워크 속도 경쟁뿐만 아니라 PC에서 구현되던 것들이 모바일로 옮겨오며 수많은 최초 서비스가 탄생했다. 모바일은 실시간, 접근성, 연결성을 특성으로 하는 'Always On'의 시대를 열었다. 언제 어디서나, 인터넷으로 전 세계 사람들과의 관계를 형성 가능하도록 만들었다. 단순 검색에서 고해상도 이미지와 음원 콘텐츠로, 그리고 2016년을 기점으로 영상 콘텐츠와 위치 기반 콘텐츠로 대세가 바뀌었다. 덕분에 포털을 포함한 거의 모든 미디어 매체는 영상과 위치 연계 서비스 중심의 디자인을 설계하고 있다.

이러한 특성은 통상 웹 3.0으로 구분하는 새로운 인터넷의 시대로 연결되었다. 우리는 눈을 뜨고 있는 거의 모든 순간 인터넷을 찾는다. 이를 위해서는 끊이지 않는 연결과 기다림 없는 연결이 전제되어야 했다. 3차 산업혁명 시대의 중심에 모바일 그리고 모바일 기반의 연줄 확대가 자리했음을 감안하면, 3차 산업혁명은 속도 경쟁과 다름없었다.

지금 우리에게
필요한 것은 무엇인가

 지금의 4차 산업혁명은 다를까? 4차 산업혁명은 모바일이 내세운 속도 경쟁과는 결이 다르다. 최초라는 키워드에 당위성을 부여할 수 없기 때문이다. 점이 아닌 원, 속도가 아닌 융합을 전면에 내세우고 있는 탓에 무분별한 속도 경쟁이 벌어질 수 없는 구조다. 따라서 이전만큼의 속도 경쟁은 발견하기 어렵다. 그러나 속도 대신 그 이상의 것을 요구한다.

 바로 '획일화'다. 존재하는 모든 것들의 변화가 필요함을 말하는 가운데 그 이면을 가만히 들여다보면 '같아질 것'을 주문하고 있다. 4차 산업혁명 시대를 규정하려드는 각종 기술에 집중할 것을, 그렇지 않을 경우 새로운 시대에 대응하기 어려울 것임을 말한다. 기존의 획일화, 폐쇄화, 집중화 구조가 다양화, 개방화, 분산화 될 것임을 전면에 내세우는 4차 산업혁명은 아이러니하게도 5대 기술, 7대 기술이라며 손꼽히는 것을 중심으로 모여들기를 권한다. 더욱 흥미로운 것은 간판이 사라지는 사회를 말하면서, 개인 소양이 중시되는 사회를 말하면서, 필수 지식을 규정하고 이를 권장하는 것이다.

4차 산업혁명이 전면에 내세우는 가치를 부정하는 것은 결코 아니다. 다양화, 개방화, 분산화, 간판이 사라지는 시대를 누구만큼이나 원한다. 4차 산업혁명을 통해 기업의 생산 방식을 분산화하면 고객의 소비 방식 역시 다양화 될 수 있다. 실제 다양한 사물인터넷 기술은 이를 구현하는 데 사용되고 있다. 특정 기업만이 가능한 중앙 집중형 표준화와 대량 생산은 좀 더 다양한 기업과 개인에게 기회를 제공할 수 있다.

다만 경계하는 것은 또 다른 획일화를 요구하는 지금의 현상이다. 4차 산업혁명은 일상품이나 보편화된 선물세트가 아니다. 포장지에 가려진 일상품이나 선물세트 등은 그 안에 숨겨진 알맹이를 확인할 수 있다. 그러나 블랙박스 구조 속에 놓인 4차 산업혁명은 포장지를 보고 줄을 설 수 있는 성질의 것이 아니다. 차라리 미래 유망 기술에는 이러한 것들이 있으니, 하루빨리 이들에 줄을 설 것을 광고하는 것이 솔직하다. 만약 다양화, 개방화, 분산화, 간판이 사라지는 시대 등에 관한 캐치프레이즈가 필요한 경우라면 특정 기술이 아니라 판 자체를 놓고 현실에 입각한 근거를 댈 수 있어야 한다. 현혹시키는 것이 아닌 그 누구와도, 그 어디와도 현실에 기반을 둔 나름의 논리를 합리적으로 제시할 수 있어야 한다.

열심히 달린 것만으로 충분하다고 말하면서 속으로는 어떻게든 1등만 하면 된다는 생각을 가진 부모에게 우리는 어떤 말을 건네야할까. 차라리 솔직해지자는 제안은 어떨까. 솔직해지고도 아주 조금의 여유가 있다면 애초 대열에 합류할 수 없는 이들에게 약간의 빈틈을 열어주거나 열매를 일부 나눠줄 수 있는 방안을 고민하는 편이 낫다. 거짓말쟁이가 되기보다는 솔직한 현실주의자가 덜 얄밉다. 현실주의자는 최소한 교묘한 언행으로 누군가를 현혹시키거나 몰아세우지 않을 테니까.

위로부터의 혁명,
아래로부터의 혁명

피지컬과 디지털,
하드웨어와 소프트웨어

2018년의 우리는 피지컬*physical*에서 디지털*digital*로 가치의 우선 순위가 바뀐 시대에 살고 있다. 그리고 디지털은 그 자체로 피지컬이 되려한다. 따라서 우리는 생산자이고 마케터인 고객을 어떻게 하면 충분히 활용할 수 있을까를 고민할 것이 아니라, 이들이 어떠한 경험을 하고 있는가를 원점에서 다시 분석해야 한다. 4차 산업혁명의 중심축은 디지털 시대의 이용자다.

4차 산업혁명은 융합을 키워드로 한다. 융합이란 무엇인가. 관련 다양한 정의가 있을 수 있겠으나, 그 본질은 여럿을 엮어서 하나로 만드는 것이다. 내 것과 네 것을 합쳐서 둘이 아닌 하나로서 표현하는 것. 얌전히 잘 있던 두 개를 기어코 하나로 묶는다. 분리되어 있던 그들은 하나로서 우리 곁으로 들어온다. 따라서 하드웨어가 아닌 소프트웨어를 강조한다. 하드웨어는 결국 개별 요소로 존재하기 때문이다.

이는 남자와 여자가 만나 하나를 이루는 결혼과 같다. 결혼을 통해 성별이 어느 하나로 바뀌거나 개인의 외형이 근본적으로 변화되지는 않는다. 결혼은 서로에 대한 감정적 연결 고리를 통해 정서적, 심리적 공동체를 이뤄가는 과정이다. 한 남자와 한 여자의 외형은 하드웨어다. 그리고 감정적 연결 고리는 소프트웨어다. 4차 산업혁명 역시 마찬가지다. 하드웨어를 소프트웨어 기반으로 하나로 표현하는 일련의 프로세스를 대변하는 최상위층 용어다.

자, 그럼 여기서 한 가지 질문이 생긴다. 4차 산업혁명이라는 상위 레벨을 총괄하는 것은 무엇이며, 중간 레벨과 하위 레벨을 총괄하는 것은 무엇인가. 상위 레벨은 국가와 정부다. 중간 레벨은 소프트웨어를 중심으로 하드웨어까지를 취급하는 기업이며,

하위 레벨은 평범한 개인이다. 비단 4차 산업혁명뿐만 아니라 모든 IT 기술 기반의 새로운 패러다임은 어딘가 수상쩍다.

나는 이러한 계층의 갈래를 외형적 장애라고 부른다. 4차 산업혁명은 어디로부터 왔는가. 명망가 한 명의 단 말 한마디로부터 출발하였는가. 그렇지 않다. 특정 권위자가, 특정 신뢰도 높은 공개 석상에서 4차 산업혁명을 말하지 않았더라도, 우리는 이미 이전에 비해 진화된 시대에 들어와 있었다. 그렇다면 무엇이 진화되었는가. 이는 IT 기술이다. IT 기술은 누구의 것인가. 기업, 즉 위에서 말한 중간 계층으로부터 출발한다. 중간 계층으로부터 하위 계층, 즉 우리에게 전달된다. 소위 말하는 탑다운*top-down* 방식이다.

탑다운 방식을 현실에 적용하면 크게 두 가지로 구분된다. 첫째, 일반적인 것에서 세부적인 것으로 사고하거나 전달하는 것. 이는 대체로 바람직한 사고의 과정이면서 올바른 결과값을 도출하는 데 유용한 방식이다. 우리가 보유한 고유한 특성이 외부의 불안정한 환경 혹은 변수값을 이겨낼 수 있다는 논리의 기초 이론으로 활용되기도 한다. 여기서의 탑다운은 바텀업*bottom-up* 대비 대체로 유용하다.

둘째, 윗사람이 지시하고 아랫사람이 수행하는 것. 비즈니스 현장에서 인지하는 탑다운 방식은 이것이다. 상위 계층이 이런저런 고민과 검토를 거쳐 아래로 던지면, 개미처럼 열심히 일하는 매우 올바르고 일반화된 모습이다. 반기를 들 수 없는 형식이다. 4차 산업혁명의 상위 계층, 중간 계층, 하위 계층을 신분 구조로 연결 지어 생각하는 것은 결코 아니다. 단지 4차 산업혁명이라는 거대 프레임을 생태계 관점에서, 물리적으로 구분한 것이다. 나는 4차 산업혁명을 둘러싼 무한대의 이해관계자, 무한대의 가치 구조 가운데 이 부분이 가장 씁쓸하게 여겨진다.

소프트웨어 파워의 본질을 찾아서

우리가 통상 말하는 소프트웨어란 무엇인가. 소프트웨어에 관한 백과사전식 정의는 생략하자. 그 자체로 아무런 의미가 없기 때문이다. 대신 소프트웨어라는 용어에 대해 실제 우리가 어떻게 접근하고 있는가를 들여다보자. 우리가 말하는 소프트웨어는 소프트웨어 기업과 직결되는 것이다. 소프트웨어 강화 정책, 소프트웨어 중심 기업, 소프트웨어에 최적화된 인재 개발 등 제조, 뷰티, 유통 등 기업의 전통적인 인프라를 소프트웨어 비즈니스 구조로 혁신하는 것이다.

　국내외 각종 자료를 취합하고 PPT 화면에 예쁘게 담아 상위 레벨에 보고한다. 이후 개발 구조(아키텍처)와 로드맵을 설계하고, 기술 검증을 통해 시장에 진출한다. 이러한 프로세스의 본질은 비용과 속도다. 서비스 기획의 뼈대가 되는 콘셉트 역시 다를 바 없다. IT 기술은 그들끼리 호환되고 섞이는 과정이라는 수용성 측면에서 나날이 발전한다. 하드웨어 간의 교집합을 찾아서 그 교집합을 자연스럽게 표현하는 과정에서 소프트웨어가 관여한다. 그리고 이를 이용자 중심의 서비스 아키텍처 혹은 이용자를 위한 소프트웨어 기반의 신사업 등으로 부른다. 소프트웨어 파워를 드러내기 위한 방법은 하드웨어 중심 시대의 그것과 한 치의 흐트러짐 없이 동일하다. 기업 어딘가에 기계를 구입해서 들여놓고, 관련 개발 경력이 있는 인력을 객관적이라고 자부하는 면접을 통해 조직의 틀 속에 앉혀놓는다. 이를 통해 소프트웨어 기반의 신사업을 추진한다. 다양한 기업과 손을 잡고, 전략적 동맹 관계를 형성했음을 양손 꼭 부여잡은 모습으로 세상에 널리 알린다. 신사업이 성공하면 최상의 시나리오로써 만약 실패하더라도 소프트웨어 중심 기업이라는 브랜딩에는 도움이 될 것이다.

4차 산업혁명 시대에 우리가 만나고 있는 소프트웨어 파워의 본질은 이것이다. 따라서 이 역시 어딘가 모르게 수상쩍다. 도서의 한 페이지 이상을 소프트웨어라는 용어 하나에 할애하는 동안 당신을 대표하는 상위 레벨인 사람이라는 용어가 단 한 번도 등장하지 않는다. 사람을 빼버려도 소프트웨어의 현장 정의를 내리는 과정에는 아무런 제약 요소가 없다. 심지어 우리 스스로 그 어떤 불편함을 느끼지 못한다.

탑다운 방식을 통한 활성화

여기서 문제가 발생한다. 아이러니하게도 4차 산업혁명을 구성하는 기관 및 개인 모두가 사람을 말한다. 애초 사람이 없는 구조 속에서 사람을 찾으니, 없던 사람이 뚝딱 만들어질 수 있을까. 더 큰 문제는 우리 스스로 이러한 질문 자체를 던지지 않는다는 점이다. 너무나 익숙한 환경이 되어버렸기 때문이다. 최초이면서 최고여야만 하는 IT 기술 앞에 무력화 되어버린 '나'라는 개인의 무의미한 존재감.

앞서 4차 산업 혁명의 계층을 구분하며 하위 계층에 우리를 던져놓았을 때도 우리는 별 다른 불편함을 갖지 못했다. 4차 산업 혁명의 상위 계층은 국가나 정부가 아닌, 우리다. 중간 계층의 소프트웨어 기업은 연결 고리다. 우리가 속한 환경에서 이전 대비 행복하게 살기 위한 매개 역할을 하는 것이 소프트웨어고 기업이다. 따라서 국가와 정부는 든든히 받혀 주는 하위 계층, 이를 기반으로 우리에게 좀 더 나은 일상을 제공하는 기업이 중간 계층, 그리고 이를 관리하고 적절한 요구와 질문을 던지는 우리가 상위 계층이 된다.

탑다운 방식의 효율성 자체를 부정하지 않는다. 개인적으로 탑다운 방식의 적절한 활용은 굉장히 유용한 의사결정 과정이자 업무 추진 방식이라고 굳게 믿는다. 다만 내가 부정하는 것은 지금의 탑다운 방식이 갖고 있는 적합성이다. 이 적합성에 부합하기 위해 우리는 탑과 다운 그리고 이들을 연결하는 매개체를 정확히 구분해야 한다. 이를 통해 다음의 주장은 타당성을 갖게 될 것이다. 'IT 기술에 기반을 둔 모든 새로운 패러다임은 탑다운 방식이 아니면 결코 활성화될 수 없다.'

IT 생태계를 움직이는
핵심축, 플랫폼

고객을 위한
첫 번째 문

4차 산업혁명의 키워드인 융합은 개방을 통해 구현된다. 개방은 무엇인가. 4차 산업혁명 시대에 살아남기 위한 기업 전략이다. 여기서의 기업은 IT 기업이며, IT 기업은 또 다시 IT 기술을 기반으로 삼아 솔루션을 제공하는 기업과 이 솔루션을 이용해 일반 고객과 커뮤니케이션하는 기업으로 구분된다. 전자는 전통적인 IT 기업, 후자는 IT를 '필요한 만큼' 잘하는 일반 기업이다.

거의 모든 유형의 IT 기업은 플랫폼을 만들었거나 만들기 위해 노력한다. 그들에게 플랫폼은 기업 고객을 위한 대문이다. 대문을 열고 들어오면 상품으로서의 개발 소스가 보기 좋게 진열되어 있다. 기업 고객은 개발 소스를 이용해 그들에게 필요한 애플리케이션을 손쉽게 만들 수 있다. 통상 개방형 애플리케이션 프로그래밍 인터페이스*open API*와 소프트웨어개발키트*SDK*를 통해 이뤄진다.

때로는 개방형 아키텍처*open architecture*라는 용어로 이들을 갈음하기도 한다. 여기에는 크게 두 축이 관여한다. 플랫폼 개발사와 플랫폼 파트너다. 개발사는 플랫폼이 제공하는 서비스 옵션에 따라 완전 무료부터 소정의 수수료를 받고 플랫폼을 공유한다. 파트너는 개발사가 제공하는 개방형 네트워크를 활용해 서비스를 만들고 판매한다.

플랫폼 개발사는 참여 파트너의 수가 늘어나고 시장 내 플랫폼 브랜드 인지도가 상승하면 독자적인 생태계를 구축하기 위해 노력한다. 이 과정에서 개발자와 파트너를 위한 커뮤니티를 구축하고 그들의 플랫폼 충성도를 높이는 단계로 들어간다. 한편 파트너는 자체 플랫폼을 갖추거나 개발사로부터 자율성을 확보하기 위해 준비한다. 이는 모바일 시대를 이끌었던 플레이어들이 취했던 전략과 궤를 같이하는 것이다. 비단 모바일 시대뿐만 아니라, PC 시대의 한 축을 이뤘던 플레이어들이 취했던 전략이기도 하다. PC, 모바일, 디지털 혁명 시대를 거치며 관련 플레이어의 유형과 수가 다양해질 뿐이다.

플랫폼의 개발과 운영은 기업을 중심으로 돌아가고 있다

나는 4차 산업혁명 시대의 플랫폼을 케이크 만드는 매장과 비교하고는 한다. 젊은이들 사이에서는 완성된 케이크를 구매하는 가게가 아니라 직접 나만의 케이크를 만들어볼 수 있는 가게가 호응을 얻기도 한다. 이런 매장의 문을 열고 들어가면 모든 재료가 준비되어 있다. 고객은 잘 진열된 재료와 설비를 이용해 내가 원하는 품질과 디자인의 케이크를 만든다. 전문가의 손길만큼 매끄럽지는 않지만, 딱 내게 필요한 만큼의 케이크를 만들 수 있다. 매장 주인은 케이크를 만들어 판매하는 대신, 고객이 직접 케이크를 만들 수 있는 환경을 제공하고 이용료를 받는다. 나아가 케이크 제작 매장을 대표할 수 있는 일종의 업계 표준이 될 수 있기를 희망한다. 한편 고객은 자기 손으로 직접 만든 케이크를 어떻게 활용할까? 정성이 들어간 케이크를 사랑하는 사람에게 선물함으로써 상대방의 마음을 잡는다. 이를 통해 케이크를 받는 사람과의 새로운 관계가 형성되거나 기존 관계를 강화할 수 있다.

플랫폼 역시 다르지 않다. 앞서 밝힌 대로 플랫폼 개발사는 개발 소스를 개방해서 기업 고객에게 일정 부분 수수료를 받고, 이를 활용해 서비스를 만드는 기업은 일반 고객과의 관계를 형성하거나 강화한다. 기업이 수직 생태계를 구축하는 것이 아닌, 개방형 비즈니스 모델을 구축하는 이유는 효율성으로부터 기인한다. 플랫폼 개발사는 일정 부분의 수수료와 업계 표준이라는 목표를 갖고 있다. 플랫폼을 활용해 서비스를 만드는 기업은 돈을 아낄 수 있고, 나아가 인력의 효율적 배분이 가능한 장점이 있다. 따라서 플랫폼은 효율적 업무 수행 장치가 된다. 플랫폼 혁명, 플랫폼 중심 비즈니스, 플랫폼 퍼스트 등의 표어는 모두 4차 산업혁명의 기업 효율성 증대를 꾀하는 것들이다. 또한 플랫폼 개발 기업과 서비스 기업 간의 개방과 연합 전략이다. 그 어디에서도 당신을 발견할 수 없다. 또한 당신은 플랫폼을 소유하거나 온전하게 빌릴 수 없다. 당신은 플랫폼의 중심도 주인도 아니다. 중앙 집중 관리 구조의 병폐를 탈피했음을 강조하는 블록체인의 형태와 유사한 백과사전에서 발견한 플랫폼의 정의, 사람 중심의 기업으로 명성이 자자한 기업 면접에서 피력한 플랫폼의 중요성 등은 결국 기업 중심 비즈니스 모델의 이해 과정이다. 당신은 플랫폼에 종속되지 않아야 하고, 특히 그것을 오롯이 무료로 빌려서 쓰고 있다는 엄청난 착각에서 벗어날 필요가 있다. 세상에 공짜는 없다.

그렇다면 지금과 같은 플랫폼 구조에서 당신의 가치는 무엇인가. 교환의 대상이다. 플랫폼이 내세우는 진정한 고객 가치는 허구다. 고객 가치는 플랫폼 개발사 그리고 이를 활용해 서비스를 개발하는 기업 간의 연동 구간에서만 존재하는 것이다. 지금 잠시 책을 덮고 인터넷을 켜보자. 그리고 플랫폼의 정의, 플랫폼의 가치, 개방형 플랫폼, 플랫폼 전망 등 다양한 키워드를 검색해보자. 거의 모든 플랫폼 개론과 전략 프레임은 기업을 중심으로 서술된 것들이라는 점을 확인할 수 있다.

왜 그럴까. 앞서 말한 플랫폼이 내세우는 진정한 고객 가치가 허구라는 점, 그리고 당신이 발견한 거의 모든 자료의 원천은 플랫폼 이해관계자로부터 나온 것이기 때문이다. 개방형 플랫폼은 당신에게 개방된 것이 아니라, 기업 간의 운영 효율성을 위해 탄생한 것이다. 따라서 플랫폼 전략은 기업에게 매우 유익한, 그러나 당신과는 직접적인 관계가 없는 존재다. 당신이 소외된 개방이라는 기업 전략 하에서, 당신 가운데 일부는 지금 이 순간에도 개방을 기반으로 한 플랫폼 퍼스트에 최적화된 사람이 되기 위해 노력하고 있다. 개방은 허구다.

전략팀 김 부장과
마케팅팀 이 과장이
공부해야 할 것

따라잡으려 할수록
멀어지는 산업혁명

4차 산업혁명을 주제로 공부하는 기업 및 직장인이 많아졌다. 전략컨설팅 회사에서 일하는 컨설턴트 S도 그중 한 명이다. 그는 회사에 허락을 받아 무려 일주일 동안 4차 산업혁명 세미나에 참석했다. 처음에는 남보다 일찍 새로운 시류에 대비한다는 생각에 뿌듯함을 느꼈다. 하지만 그것도 잠시. 하루하루 시간이 흐를수록 머릿속은 점점 더 복잡해져간다. 세미나 강의별로, 이해관계자별로 서로 다른 4차 산업혁명을 주장한다. 공부하면 할수록 '4차 산업혁명이란 무엇인가'라는 근본적인 질문에 관한 답조차 발견하기 어려움을 깨닫게 된다. 커리어 확장의 계기로 삼고자 했던 계획은 헛된 고민의 시간으로 돌아가고 말았다.

개인이든, 조직이든 이런 어려움을 토로하는 경우가 흔하다. 화자에 따라 모두 다른 말을 하고 있기 때문이다. '블록체인이 4차 산업혁명을 주도할 것이다.' '인간 지성에 근접해가는 인공지능 시대가 온다.' '사물인터넷을 넘어 만물인터넷의 시대가 도래했다.' '진짜 핵심은 클라우드와 빅데이터다.' '모바일 다음 세상을 선도하는 자가 승리할 것이다.'

5대 기술, 10대 기술보다 중요한 핵심

이러한 모든 설명은 결국 'STEM'에 치중한 교육과 사고방식의 한계다. STEM은 과학*science*, 기술*technology*, 공학*engineering*, 수학*mathematics*을 말하는데 우리가 듣고 말하는 4차 산업혁명의 중심축은 결국 STEM에 수렴된다. 앞서 등장한 S는 결국 STEM 중심 사고를 수행한 적이 없는 스스로의 한계를 깨닫는 시간을 갖게 된 것이다.

이는 STEM 자체의 문제라기보다는 이것에 매몰된 사고와 접근 방식에 따라 4차 산업혁명의 본질을 놓치게 되는 과정 전반의 문제다. 이해관계자의 특성과 시장 상황에 따라 밀어야 하는 기술이 다르고, 이렇게 각기 다른 기술을 섞어가며 이를 하이브리드 혹은 컨버전스라는 그럴 듯한 용어로 포장한다. 재밌는 것은 4차 산업혁명에 관한 다양한 논란이 존재하는 가운데, 논란의 중심에 선 대부분의 이들이 인정하는 키워드가 하이브리드 혹은 컨버전스라는 점이다.

컨버전스는 천편일률적인 점이 아니라 다양성을 존중하는 원의 각 지점에서 출발해 원의 가운데에서 만나는 것을 말한다. 이 과정에서 이용자를 중심에 둔 새로운 서비스가 될 때 우리는 이를 디버전스가 아닌 컨버전스로 부른다. 컨버전스를 말할 때 반대의 의미로 사용되는 디버전스는 통상 억지스런 컨버전스의 부작용이 초래한 반대급부라는 의미를 갖는다. 지금과 같이 이용자가 소외된 4차 산업혁명 구조 속에서는 개별 기술의 진화 외에는 딱히 기대할 수 있는 것이 없다. 4차 산업혁명의 5대 기술이니 10대 기술이라고 불리는 것들이 각자의 시장 파이를 외치는 가운데 그 어디에서도 이용자 중심 사고를 찾을 수 없기 때문이다.

직접 체험해보는 것만큼
유익한 학습은 없다

타깃 고객을 대표할만한 특성을 일반적으로 페르소나*persona*라고 부른다. 3차 산업혁명 시대 이후 거의 모든 플레이어는 다음과 같이 말한다. '새로운 패러다임을 선도할 우리 기업의 신규 서비스는 방대한 고객 데이터를 참조한 페르소나 분석에 심혈을 기울였다. 최신 트렌드에 맞춘 고객 니즈 분석을 통해 고객이 진정으로 원하는 가치를 발견하고 서비스하는 것에 초점을 맞췄다.'

비즈니스 현장과 각종 연구실에서 말하는 고객 페르소나는 엄격히 말하면 그룹핑 기술이다. 대다수의 페르소나 분석은 이용자를 위한 기획과 검증, 그리고 이용자의 일상에 미치게 될 영향을 다각적으로 분석하기 위한 목적으로써 활용되지 않는다. 고객 편리성을 말하는 페르소나는 기업 편리성에 가깝다. 잠재 고객을 그룹핑하고, 그들을 키워드 몇 개로 정의한다. 심지어는 서비스

출시의 각 단계별로 최초의 페르소나를 검증하는 작업조차 시도되지 않는다. 각종 간접 정보와 직접 정보의 활용, 설계도와 프로토타입 등의 명목 하에 나온 자료다. 페르소나를 포함한 다양한 연구 방법론은 그 어떤 것 하나 완벽할 수 없다. 예상 가능한 기술 이슈에 모두 대응할 수 없으며, 심지어 예상하지 못한 기술 이슈 역시 산적해 있음을 충분히 알고 있다.

다만 "왜 완벽하지 않은가?"를 묻는 것이 아니라, "왜 결과 값이 이용자의 일상 전반에 미치는 여향을 고려하지 않는가?"에 대해서는 짚어야 할 필요가 있다. 4차 산업혁명의 중심축은 우리의 귀를 달달하게 파고드는 영화에서 보던 기술의 향연이 아닌 이용자 당신이다. 중심축이라고 주장하는 것들이 지나치게 많아지면 배만 불룩해진다. 2000년대 중후반 컨버전스가 꽤 장시간 하나의 트렌드로 부상하면서 이에 지친 이용자들을 중심으로 한 디버전스가 대두되었다. 4차 산업혁명 역시 10년 전의 것과 다를 바 없다. 전에 없던 새로운, 영화에서만 보던 세상을 말하지만 본질적 측면에서 보면 우리는 10년 전과 다를 바 없는 세상에 살고 있다. 굳이 배를 볼록하게 만들 필요가 없다. 4차 산업혁명의 중심은 이용자 하나로 충분하다.

4차 산업혁명이라는 거대한 흐름 속에서 헤매고 있는 사람이 있다면 세미나만 찾아다니기보다는 시중의 다양한 서비스를 직접 써보고 이용자 측면에서의 불편사항을 정리해보는 시간을 가지는 편이 훨씬 유익하다고 말하고 싶다. 시간이 허락한다면 서비스 제공사에게 직접 질문도 해보자. 가장 원초적인 질문일수록 좋다. 이러한 질문일수록 두루뭉술한 답변이 돌아올 가능성이 높지만, 그것이 바로 4차 산업혁명의 기본 시작점이다.

'문과라서 죄송합니다'라는
유행어는 틀렸다

⋮ 기술 중심의 사회에서
⋮ 기술과 친하지 않은 사람이 사는 법

최근 '문송'이라는 말이 유행하고 있다. '문과라서 죄송하다'는 뜻으로, 수학과 과학에 기초한 기술이 세상을 지배하는 시대에 이를 따라잡지 못하는 문과생의 처지를 재치 있게 표현한 것이다. 나 역시 이런 문과생 중 한 명으로, 10대 시절에는 PC 통신에 빠져들기도 했지만 그렇다고 컴퓨터를 특히 좋아하거나 잘하지는 못했다. 고등학교 시절부터 대학원까지 모두 문과생으로 살아온 나는 어느 날 이동통신사에 입사했고 그곳에서 모바일 비즈니스를 취급하며 새로운 세계에 발을 내딛게 되었다. 자고 일어나면 새로운 기술이 등장하는 세계에서 '문송합니다'라는 말을 꺼내지 않기 위해 주말도 반납하고 밤낮으로 노력해야 했다.

그런데 생각해볼 점이 있다. 나 같은 문과형 인간은 4차 산업혁명 시대에 '죄송한 마음'을 품고 살아야 하는가? 그럴 필요 없다. IT 기술에 기반을 둔 비즈니스를 취급하는 산업 영역에서, 지금은 디지털 혁명이라고 부르게 된 시대로 천천히 진입하며 더 이상 인간이 기술을 두려워할 필요가 없어졌기 때문이다. 지금은 기술 그 자체가 아니라 이용자의 니즈 혹은 절박함 정도에 따라 누구나 기술 기반 서비스를 만들어낼 수 있다. 스마트폰, 노트북, 각종 IT 플랫폼을 이용해 자신이 필요한 수준의 결과물을 어렵지 않게 만들어낼 수 있다. 단순 스케줄 관리부터, 블로그, 홈페이지, 디자인, 인공지능 서비스 등이 대표적이다. 무거운 하드웨어에서 가벼운 하드웨어로, 무거운 소프트웨어에서 가벼운 소프트웨어로 트렌드가 변화하면서 소위 문과에서 강조하는 사고방식과 전략적 접근이 빛을 발할 수 있는 시점이 왔다.

O2O, 빅데이터, 가상현실…
모두를 관통하는 하나의 맥락

이용자는 소비의 대상에서 생산자로 변해왔다. 그리고 이제 기업의 마케터 이상의 영향력을 발휘하기도 한다. 이렇듯 이용자를 그 자체로 생산자, 마케터로 부를 수 있는 이유는 비교적 명확하다. 특정 집단이 푸시*push* 방식으로 뿌리는 폐쇄형 기술을 이용하던 과거에서, 누구나 보편적인 IT 기술을 활용할 수 있는 현재로 왔기 때문이다.

그런데 여기에 한 가지 함정이 있다. 생산자, 마케터로서의 이용자는 철저히 기업 관점에서 생산된 개념이다. 이러한 이용자의 개념 자체가 문제가 되는 것은 아니다. 문제는 진화된 이용자로써의 고객을 생각하는 기업들의 접근 방식에 있다. 눈치를 챈 독자도 있겠지만 나는 기업을 주로 플레이어라고 표현한다. 전쟁터와 같은 경쟁의 현장에서 경기를 치루고, 오롯이 경기의 결과로써 평가를 받아야하기 때문이다. 결승전을 앞둔 운동선수에게 첫째도, 둘째도 관중을 위한 경기를 치루라고 주문한다면 어떨까. 이는 난센스다. 첫째도, 둘째도 상대 선수를 이겨야 하는 것이 그들에게 주어진 현실적 의무이다. 여기에는 반드시 지켜야 하는 경기의 규칙, 나와 상대의 전력 분석이 관여할 뿐이다. 관중의 중요함을 모르는 운동선수는 없겠지만 말이다.

4차 산업혁명을 실제 움직이는 기업들 역시 다르지 않다. 그들에게 고객은 거래의 대상이다. 1차·2차·3차를 거쳐 현재의 4차 산업혁명 시대에도 늘 그러하다. 거래의 대상이 소비자에서, 생산자와 마케터로 변형되었을 뿐이다. 영업 대상에서 활용 가능한 대상으로 가치의 기준이 바뀌었을 뿐이다. 활용 가능한 대상으로서의 이용자를 바라본다면 이는 틀렸다.

우리는 피지컬에서 디지털로 가치의 우선순위가 바뀐 시대에 살고 있다. 그리고 디지털은 그 자체로 피지컬이 되려한다. 지난 몇 년간 비즈니스 현장의 키워드가 되었던 대부분의 것들은 이 범주를 벗어나지 않는다. O2O, 옴니채널, 빅데이터, 가상현실, 증강현실 등이 대표적이다. 이는 4차 산업혁명의 대표적 특성이기도 하다. 따라서 4차 산업혁명 시대의 이용자는 디지털고객으로 바라봐야 한다. 전기, 전자 혁명에서 디지털 혁명으로 넘어온 시대에 고객 경험이 어떻게 변형되고 있는가를 바라보는 것이다. 생산자이고 마케터인 고객을 어떻게 하면 충분히 활용할 수 있을까를 논할 것이 아니라, 이들이 어떠한 경험을 하고 있는가를 처음부터 다시 분석하는 것이다.

디지털 고객경험의 중요성

이러한 새로운 디지털 고객의 동선 전 과정을 통상 고객경험이라고 부른다. 고객 경험 변화는 고객의 역할을 구매자에서 마케터로 확대시킨다. '마케터로서의 고객'은 브랜드의 직접 경험으로부터 출발하며, 경험의 수준에 따라 디마케팅을 진행하기도 한다. 전통적인 고객관계관리CRM 전략 가운데 하나인 파레토 법칙(소수의 고객이 다수의 매출 기여도를 차지하고 있다는 법칙)이 더 이상 유효하지 않은 이유이기도 하다.

물론 지금과 같이 이용자가 소외된 4차 산업혁명의 구조에서 디지털 고객경험을 말하는 것은 애초 앞뒤가 맞지 않는다. 그럼에도 4차 산업혁명 시대의 이용자 그리고 디지털 고객경험이 중요한 이유는 이용자를 다시 한 번 생각할 수 있는 계기가 되기 때문이다. 디지털고객경험을 분석하는 것은 4차 산업혁명 플레이어들이 충분히 할 수 있는 것이고, 이를 통해 그들의 사고와 전략 속에서 이용자가 얼마나 소외되어 있는가를 깨닫는 계기가 될 수 있다. 따라서 현실적으로 매우 어려운 이상을 지향할 것이 아니라 할 수 있는 것을 우선 수행하고 이를 통해 본질에 접근하는 것은 대안으로써의 가치가 있다. 하루 단위 생존 경쟁에서 본질을 논하기 어렵다는 것은 충분한 핑계가 될 수 있지만, 할 수 있는 것조차 외면하는 것은 설득력을 갖기 어렵다.

최근 언론 보도에 따르면 대학생의 80퍼센트가 전공에 콤플렉스를 가지고 있으며, 이들 대부분이 문과생이라고 한다. 기업에서 문과생을 써주지 않는다는 이유에서다. 지금과 같은 4차 산업혁명의 구조에서는 문과형 인재가 덜 선호되는 현상이 일어날 수밖에 없다. 하지만 기업은 인간에 대한 이해를 가지고 더 넓은 시야를 통해 디지털 고객경험을 원점에서부터 다시 바라봐야 한다. 이러한 과정에서 이용자라는 본질에 접근할 수 있는 4차 산업혁명이 이뤄질 것이다.

4차 산업혁명이라는
콘텐츠를 소비하는 방식

디지털 경제의 생태계는
무엇을 중심으로 재편되는가

4차 산업혁명이 한때의 유행을 넘어 거스를 수 없는 대세로써 사회 한 축에 인입됨에 따라 이를 소비하는 방식 역시 다양해졌다. 누군가는 4차 산업혁명이 무엇인지를 찾고, 다른 이는 4차 산업혁명을 위해 무엇을 해야 하는지 탐구한다. 모두 4차 산업혁명을 소비하는 방식이다. 나에게, 우리 조직에게 유리하도록 4차 산업혁명을 적절히 포장해서 편입시키는 행위인 것이다. 마치 4차 산업혁명이 포함되지 않으면, 아무 것도 아닌 것만 같은 사회적 분위기를 형성하고 있다.

그런데 이러한 태도는 자칫 무분별한 소비 방식이 되기 쉽다. 공상과학소설의 상상력과, 탐정소설의 추리력을 동원한, 딱히 그 갈래를 정의내리기조차 어려운 콘텐츠를 발견하는 순간이면 괜히 얼굴이 붉어지기도 한다. 지금의 4차 산업혁명을 소비하는 방식의 가장 큰 문제점은 일종의 '몰아가기'에 있다. 모든 것이 연결된 세상으로 진입한다고 하니, 4차 산업혁명과 모든 것이 연결되어야만 할 것 같은 인상을 준다.

'4차 산업혁명은 누구를 위한 것인가?'라는 물음은 꽤 어려운 질문이다. 그러나 정답은 매우 가까운 곳에 있다. 이는 곧 누가 4차 산업혁명을 이용해서 혜택을 얻고 있는가를 정의하면 된다. 지금의 4차 산업혁명에서는 공급자가 곧 소비자다. 소비의 주체가 공급자이며, 개별 공급자는 그들끼리 선순환 구도를 만들기 위해 노력하고 있다. IT 기술의 진화, 디지털 경제의 가장 큰 특징은 생태계를 구성하는 모든 요소의 중심이 기술이 아닌 이용자를 중심으로 재편된다는 것이다.

어느 순간, 변화의 물결
한가운데 서 있게 될 우리

4차 산업혁명은 이 지점에서 명확한 한계를 갖고 있다. 4차 산업혁명은 진화된 IT 기술을 전제로 하고 있지만 한편으로는 공급자와 기술 중심의 가치 구조를 갖고 있다. 공급자가 곧 소비자다. 현재의 복잡한 4차 산업혁명 생태계 속에 당신은 없다. 4차 산업혁명 시대의 소비자는 공급자를 위해 존재한다. 앞뒤가 뒤바뀐 상황 속에, 당신은 오늘도 여전히 4차 산업혁명을 이해하기 위해 시간과 에너지를 쏟고 있다. 현재의 아이러니한 4차 산업혁명 생태계를 이해하기 위해 갖은 노력을 기울일 것이 아니라, 4차 산업혁명 자체가 이해 가능한 판이 되도록 공급자에게 요구해야 한다.

고유명사로 시작해 이미 보통명사가 되어버린 산업혁명은 공급자의 소비 욕구를 자극하기에 충분하다. 그리고 소비자를 그들의 판 속으로 밀어넣는다. 밀리다 보면, 어느 순간 그 한 가운데에 위치한 우리를 발견하게 된다. 이는 지난 수십 년간 단 한 번의 예외 없이 우리가 경험해온 과정이다. 4차 산업혁명 역시 크게 다르지 않을 것 같다는 쏠쏠함이 밀려온다.

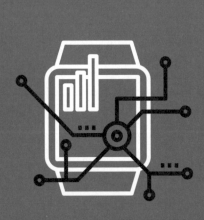

3부

하나의 유기체로 진화하는 사회

무한대를 향하여
내딛는 발걸음

연결 그 이상의 연결,
초연결

　모든 것의 연결. 사람과 사람, 사람과 사물, 그리고 사물과 사물이 연결된 지 어언 20년. 연결의 범위와 각 범위별 대상이 되는 수의 급속한 확장. 우리는 이를 4차 산업혁명 시대의 연결, 즉 커넥션으로 부른다. 좀 더 그럴 듯한 표현을 빌리자면 '확장된 연결'이라는 의미에서 초연결*hyper-connection*이라는 말로 시대와 현재를 정의할 수 있다.

연결을 위한 기술 규격은 수십 개에 이른다. 생산 시설을 포함한 비즈니스 현장에서 일반적으로 사용되는 이더넷*Ethernet*, LTE와 5G를 포함하는 무선통신, 사물인터넷 이전 세대인 기기 간 통신*M2M, machine to machine*에 주로 사용되었던 지그비*Zigbee*와 무선주파수식별기술*RFID, radio frequence identification* 등이 대표적이다. 여기에 해외 업체가 국내 생산 시설에 도입한 규격까지를 합치면 그 숫자는 더욱 늘어난다. 이러한 기술 규격은 빅데이터를 말할 수 있는 근간이 된다. 우리는 플레이어가 마음먹기에 따라 무한대에 가까운 연결이 가능한 시대에 살고 있다.

그렇다면 다양한 기관과 매체로부터 재생산되고 있으며 지속 확산 중인 초연결이란 실제로 무엇인가? 실제를 바로 보는 일은 누군가에게는 방향성의 이해를, 또 다른 누군가에겐 방향성의 수정을 요구할 수 있을 것이다. 우선 초연결에 있어 누가, 도대체 왜 연결하는가에 주목해보자. 연결하는 주체가 누구 혹은 어디인지, 그리고 연결을 통해 그들이 무엇을 얻게 되는가를 보면 초연결을 설명할 수 있을 것이다.

누구에 의해
무엇이 이어지는가

초연결의 시대를 살아가는 2018년의 우리이므로, 다음과 같은 가설을 세워본다. '사람이 연결하는 것이 분명할 것이다.' 자, 이제 가설을 검증해보자. 문항은 크게 두 가지다. 어려운 질문이 아니므로, 각 질문에 1분 내외의 시간을 가지고 각자 답을 찾아보면 좋겠다.

> 질문 1. 당신은 무엇을 연결하고 있는가?
> 질문 2. 당신이 연결하고 있는 사람 혹은 사물은 실제 당신이 연결하고 있는가?

각자 나름의 답을 내렸다는 가정 하에 질문에 대한 결과를 분석해보자. 우선, 당신은 무엇을 연결하고 있는가? 스마트폰, 노트북, TV, 시계, 온도조절장치, 스피커 정도로 수렴될 것이다. 한 단계 더 나아가 확장된 답을 발견한 이라면 "위에 열거한 사물을 통해 내 주변 사람과의 연결을 만들고 있다"고 답할 수도 있다. 나는 두 가지 유형의 답에 대해 모두 동의한다. 유선·무선 네트워크를 통해 당신은 사람과 사물을 연결했고, 사물과 사물을 연결했으며, 이를 통해 사람과 사물을 연결했다. 그럼 당신은 사람으로서, 연결의 주체로서 제 권리를 모두 행사한 것으로 볼 수 있다. 이 역시 동의한다.

그럼 두 번째 질문으로 넘어가자. 실제 당신이 연결하고 있는가? 이 부분은 두 개의 답으로 구분될 것이다. 첫 번째 답변은 다음과 같다. '내가 네트워크 활성화 버튼, 연결 확인 버튼을 눌렀다. 따라서 내가 연결했다.' 하지만 누군가는 이렇게 말할 수도 있다. '내가 특별한 행위를 하지 않았음에도, 자동으로 연결되었다. 아니, 다시 생각해보니 내가 연결되도록 설정해놓았고, 그 이후로는 자동 연결되고 있다.'

당신이 이 두 가지 답변 가운데 어디에 속해 있더라도, '당신이라는 사람은 연결에 관여하고 있다. 당신은 사람이다. 따라서 사람이 연결한다'는 결론에 도달하게 된다. 그런데 이러한 논리 구조가 4차 산업혁명이 말하는 초연결에 그대로 적용되는가? 이는 그렇지 않다. 앞서 초연결은 연결의 범위와 각 범위 별 수가 무한대로 확장되는 것이라고 했다. 당신이 연결하고 있는 것은 예전부터 연결되던 것들, 그리고 예전부터 연결되던 것들을 지렛대로 극히 일부의 사물이 추가로 연결된 것들이다. 그런데 초연결은

극히 일부의 사물을 지렛대로 일상의 모든 사물까지를 연결하는 것이다. 그래야 무한 연결로 진입할 수 있다. 그러니 냉정히 보면 당신은 4차 산업혁명 시대가 말하는 초연결로부터 분리되어 있다. 그것도 매우 교묘하게 말이다. 당신이 지극히 당연하고 매우 충분히 고려된 것처럼 보이도록 분리되어 있다.

당신의 역할은 없거나 거의 없을 것

귀찮은 질문을 한 번 더 던져야 할 것 같다. 지금 책을 들고 있는 손에 끼워진 반지, 시계, 팔찌, 혹은 책 그 자체가 어딘가와 연결되어 통신을 하고 있다고 가정해보자. 이 가정 속에서 당신은 어떠한 역할을 하고 있을까? 여전히 당신 스스로 특정 기능을 활성화하거나, 당신이 연결한 사물을 통해 또 다른 사물이 연결되고 있을까? 그렇지 않을 것이다. 당신의 역할은 없거나 거의 없는 것으로 수렴될 것이다. 본래 무한대로 발전되는 컴퓨터 기능의 본연적 매력은 '기술이 당신을 자유롭게 하는 것'이다. 이 명제에 지금부터 한 가지 전제를 달아보자.

'진화된 기술은 나를 자유롭게 한다. 그리고 이 자유는 나의 상황 정보, 즉 컨텍스트가 반영된 데이터를 제공함으로서 얻게 되는 자유다.'

즉, 4차 산업혁명 시대의 초연결은 당신을 분리하고 있으나 당신의 일상다반사에 관한 데이터를 요구한다. 나아가 높은 관여도를 가져가려 한다. 지금부터의 데이터는 누가, 얼마나 많이 만들어내는가 하는 이슈가 아니다. 누가, 양질의 데이터를 확보해서 어떻게 가공하는가 하는 이슈다. 구글의 CEO인 에릭 슈미트_Eric Emerson Schmidt_는 2010년 'Techonomy 컨퍼런스'에서 다음과 같은 말을 남겼다.

"인류 문명이 시작된 이래 2003년까지 생성된 데이터는 총 5엑사바이트(EB, 1EB=10의 18제곱)에 불과했다. 그러나 지금은 이틀마다 그에 준하는 데이터가 새로 추가되고 있다. _Every two days now we create as much information as we did from the dawn of civilization up until 2003. That's something like five exabytes of data._"

데이터로 집결되는 판 속에서 초연결의 주체는 당신이 아닌 디바이스 혹은 시스템이다. 그리고 초연결을 통해 얻게 되는 것은 기업의 신사업 기획을 위한 매우 유용한 당신의 데이터이다. 당신은 1차적인 고려 대상이 아니다. 매우 공적인 영역을 제외한 거의 대부분의 집, 자동차, 도시 등과 연결되는 IT 기술이 바라는 것은 이것이다.

통제 가능성
그리고 설명 가능성

여기서 끝이 아니다. 4차 산업혁명을 디지털 유토피아가 도래하는 시점까지로 대입해보면, 기업이 통제 불가능하거나 설명 불가능한 로봇 시스템을 포함한 디바이스가 당신의 일상다반사에 관여할 수 있다. 결국 우리가 초연결에 관해 물어야 하는 것의 종착지는 초연결의 주체, 그로 인해 얻을 수 있는 값의 절대치와 최종 수령자 등이 아니다. 기업이 주체가 되거나 무엇을 얻어간다고 한들 큰 문제가 아니라고 본다. 합법적 테두리 안에서 자율 경쟁에 따라 진행되는 시스템이라는 전제 하에, 국가와 국민이 최소한의 견제와 통제를 할 것이고 기업 역시 다양한 요소를 충분히 고려할 것이라 믿기 때문이다. 또한 그들이 얻는 것의 일부가

미비하게나마 나에게도 돌아올 것이라 생각한다.

다만 '통제 가능한 범위' 그리고 '설명 가능한 범위' 내에서 진행되고 있는가 하는 문제가 남는다. 또한 관련 검토가 충분히 수반되고 있는가? 이 역시 궁금하다. 우리는 합법적인 테두리 안에서는 자유로워야 한다. 인간에게는 본성이 있다. 기술이 데이터를 모으고 가공하면 인간은 본성에 따라 이를 돈이 되는 사업으로 연결시키려고 한다. 이 지점에서 사람의 본성과 기술의 본성은 대립된다. 산업혁명의 차수가 늘어갈수록 이는 더욱 극명해진다.

데이터는 이를 설계하는 알고리즘과 클라우드의 산물이다. 사람이 기술을 만들 수는 있지만 사람이 인지하고 통제할 수 있는 범위를 벗어나고 있다. 절대 다수는 애초 접근 자체가 불가능한 것이다. 데이터 측면에서는 특히 그렇다. 모바일은 접근성 측면에서 혁신적인 결과 값을 제시했지만, 모바일을 지렛대로 한 디지털 혁명은 기술과 데이터로의 접근 자체를 일정 부분 통제한다.

사람과 사람, 사람과 기계, 사람과 데이터를 연결했지만 결국 어떻게 연결되고 처리되는가를 확인할 수 없는 시대로 진입하고 있다. 4차 산업혁명을 규정하는 기술의 대다수는 이를 기반으로 전개되는 것들이다. 기술이 연결을 대가로 사람을 통제하거나, 기술이 통제를 대가로 사람을 연결하는 아이러니. 기술이 주어가

되는 시대. 새로운 도로를 내기 위해 기존의 거의 모든 자연을 터널로 만드는 것과 같다.

모든 것의 연결, 즉 4차 산업혁명 시대의 초연결은 사람이 기술을 통제 가능한, 그리고 설명 가능한 연결이어야 한다. 그리고 여기서의 통제와 설명은 '또는$_{or}$'이 아닌 '그리고$_{and}$'라는 조건을 갖는다. 최초이면서 최고의 연결을 위한 인프라와 시스템 구축에 앞서, 다시 한 번 묻고자 한다. 지금 연결되고 있는 것들, 그리고 앞으로 연결될 것들은 통제 가능하면서 동시에 설명 가능한 것들인가?

MS, 삼성, LG도
하드웨어에서 소프트웨어로

IT의 중심축은
이미 이동을 마쳤다

'우리는 소프트웨어 회사입니다.'

'빅뱅 퓨처를 선도할 넘버원 소프트웨어 컴퍼니!'

낯설지 않은 문구들이다. 하드웨어를 만들던 회사 대부분은
언젠가부터 소프트웨어로의 전환을 말하고 있다. 소프트웨어 없
이는 절체절명의 위기이자 기회인 미래의 패러다임에 대응할 수
없다고 말한다. 소프트웨어 회사라는 미래 비전은 통상 '디지털'

시리즈로 갈음된다. 디지털 트랜스포메이션, 디지털 트윈, 디지털 디스럽션, 디지털 기업, 디지털 퍼스트 등이다. 고객 접점에서 서비스를 하는 회사와 솔루션을 개발해서 지원하는 회사 모두 소프트웨어를 전면에 내세운다.

재미있는 것은 이들 가운데 대다수는 이미 소프트웨어 회사였다는 점이다. 장비를 만들어서 팔던 회사가 그 장비를 분석하는 소프트웨어를 들고 있지 않았을까? 운영체제와 플랫폼 없이 인터넷에 연결된 상품 혹은 서비스를 제공해왔을까? 이는 그렇지 않다. 그들은 이미 갖고 있었다. 그렇다면 지극히 새삼스럽게 소프트웨어가 이슈의 전면에 등장하는 것은 어떤 이유에서일까?

4차 산업혁명에서의 소프트웨어는 전보다 자동화·지능화된 기계를 통제 및 관리하는 역할을 수행한다. 여기서 중요한 것은 '전보다' 자동화된 기계다. 100퍼센트 자동화된 생산은 현재에도, 미래에도 없다. 고객의 외형과 감성은 모두 다르기 때문이다. 그리고 전보다 자동화·지능화된 소프트웨어는 보통 '애플리케이션'이라고 부른다. 하나의 애플리케이션으로 여러 기계를 일원화하여 관리하는 것이다.

우리는 이를 4차 산업혁명 시대의 소프트웨어 파워라고 부르는 시대를 살고 있다. 본래 스마트 팩토리에서의 데이터 반영과 이를 통한 생산 효율성으로부터 시작된 4차 산업혁명 시대의 소프트웨어는 이제 우리가 통상 듣게 되는 5대 기술, 10대 기술 전 영역에 관여한다. 사물인터넷의 기반 기술이자 장치인 센서*sensor* 역시도 인공지능과 결합돼 기능적으로는 하나의 소프트웨어로써 정의되고 있다.

그러나 소프트웨어 파워를 현장에 반영한다는 것은 현실적으로 매우 어렵다. 그리고 태생적 한계를 갖고 있다. 표준화의 문제, 기계와 애플리케이션 간의 호환성의 문제, 실제 그렇지도 않지만 표준화되고 호환성이 갖춰진 상황을 가정해도 실제 빈틈없이 연결되고 관리될 수 있는가는 또 다른 영역이다.

소프트웨어는 인간을
'사람'이 아닌 '고객'으로 대한다

4차 산업혁명 시대의 소프트웨어 파워를 강화하고 나아가 현장에 적용하기 위해서는 '맨파워'가 기반이 되어야 한다. 여기서의 맨파워는 개인의 소프트웨어 역량 강화 이전에 사람이 사람을 바라보고 분석할 수 있는 역량을 말한다. 소프트웨어는 사람을 분석하지 않는다. 2017년 하반기를 기점으로 인공지능 챗봇이 하루가 멀게 쏟아져 나오고 있지만, 사람의 감성과 감정을 분석 가능한 인공지능 서비스를 발견하기 어렵다.

소프트웨어는 사람의 본연적 특성 그리고 이와 연결되는 일상을 분석하지 않는다. 철저히 비즈니스 관점에서의 고객을 취급한다. 동선, 구매 이력, 클레임 등의 데이터를 수집하고 분석한다. 그리고 하드웨어에 이를 전달함으로써 하드웨어 성능과 기능 구조를 개선한다. 인공지능 소프트웨어를 예로 들면 인공지능은 결국 각종 센서의 집합인데, 여기서의 센서는 고객과 외부 시스템의 입력 값을 처리한다.

비단 인공지능 스피커뿐만 아니라 4차 산업혁명을 대변하는 거의 모든 서비스는 데이터 수집 및 분석 그리고 하드웨어와의 연결 기능을 소프트웨어로 정의한다. 이는 하드웨어와 마찬가지로 소프트웨어 역시 IT 기술의 에이전시로 바라보는 관점이다. 이는 4차 산업혁명을 주도하는 소프트웨어 기업들이, 그들 각자가 지닌 강점을 시장에 세일즈하는 과정이며 결과물이다. 그래서 무엇을 대체 어떻게 하겠다는 것일까? 4차 산업혁명이 말하는 소프트웨어는 한 문장이면 충분히 요약 가능하다. '기업 이익 극대화에 도움이 될 수 있다.'

기업과 소비자 간의
파워게임

　기업 이익 극대화를 위한 노력 자체에는 어떠한 이견도 없다. 다만 이러한 캐치프레이즈가 갖는 맹점은 마치 그것이 새로운 패러다임의 중심인 듯 비춰질 수 있다는 점이다. 집을 팔기 위해서는 10년 전부터 소문만 무성하던 부근 지하철 개통 예정 소식을 소스로 제공해야 한다. 나는 집 매매에 호재가 되는 소식이라면 10년이 아니라 30년을 거슬러 올라가는 것이라도 소스를 제공할 의지가 있다. 무리가 되지 않는 범위라면 감언이설을 섞어서라도 팔고 싶을 것이다. 마치 곧 일어날 일인 것처럼 말이다.

　그러나 부동산 매매와 4차 산업혁명의 소프트웨어 간에는 근본적인 차이가 있다. 부동산은 개인 간 거래로써 종료된다. 2년 후, 20년 후에 또 다시 개인 간 거래가 일어날 것이고, 이는 반복되는 개인의 대소사다. 그리고 무엇보다 누구의 압박이나 강요가 없는 개인의 선택이다. 그러나 4차 산업혁명의 소프트웨어는 무한대에 가까운 연결을 지향한다. 개인 간 거래, 기업과 개인 간 거래, 기업 간 거래 등 어떠한 유형이든 일회성 거래로 종료되지 않는다.

소프트웨어를 둘러싼 일종의 모든 거래는 우리의 일상과 연결된다. 매우 천천히, 그러나 어느 순간 매우 폭발적으로 일상을 휘감는다. 4차 산업혁명이 일종의 세력으로써 다가오는 것을 경계한다. 그리고 이 가운데 소프트웨어 파워를 주장하는 세력을 특히 눈여겨본다. 단 한 곳이라도 사람 혹은 이용자를 말해주길 바라는 마음으로 외부에서 접근 가능한 모든 공개된 소스를 찾아본다.

그러나 소프트웨어를 전면에 내세운 플레이어 가운데 이러한 곳은 발견할 수 없었다. 비단 국내라서가 아니라 해외 유수의 플레이어 역시 마찬가지다. 고객 데이터를 통해서 생산성 향상과, 마케팅 효율성을 증대할 수 있다는 이야기는 사실 빤하다. 솔직히 좀 지겹다. 2009년을 전후해 국내에 스마트폰이 등장하기 전에도 충분히 거론되었던 홍보 문구다. 그때와는 데이터의 양과 처리 기술 자체가 확연히 다르다고 말하겠지만 이 역시도 출발선 자체가 본질과는 거리가 먼 일방적 주장이다.

이렇게 물어보자. '그래서 이용자의 일상이 확연히 개선되었는가? 이용자의 체감 지수가 높아졌는가?' 그럼 다음과 같은 대답이 돌아올 것이다. '개선과 체감 지수 등은 4차 산업혁명과 소프트웨어 파워의 결과값이다. 따라서 물리적인 시간이 필요하다.

시간의 흐름과 함께 충분히 개선되고 높아질 것이다.'

4차 산업혁명 시대의 소프트웨어 파워와 관련해 가장 주의해야 하는 것은 이프_IF_값이다. '시간이 흐르면, 이용자 수와 이용 시간이 늘어나면' 같은 단서 조항은 기업 스스로가 지금 당장 4차 산업혁명이라는 프레임 안에 편입되기 위한 핑계에 불과하다.

이프값을 주의 깊게 봐야하는 이유는 여기에 있다. 출발선 자체에 오류가 있는데 각종 대내외 환경을 이프값으로 하는 결과물은 의미가 없다. 이용자, 즉 당신과 당신의 가족에게는 말이다. 이는 일종의 파워게임과도 같다. 거대 플레이어 그리고 집합을 이뤄 비대해진 플레이어 그룹이 있다. 그리고 그들은 그들보다 훨씬 더 거대한 패러다임을 등에 업고 당신에게 다수의 선택지를 제시하고 있다.

있는 그대로 태연하게 받아들이고 싶지만 쉽지 않다. 천편일률적인 '점'이 아닌 다양성을 존중하는 '원'을 말하고, '경쟁'이 아닌 '상생'을 말하면서 애초 게임이 될 수 없는 파워게임 구조로 판을 몰아간다. 나는 이를 4차 산업혁명 시대의 소프트웨어로 정의한다. 따라서 소프트웨어 파워가 강화될수록 파워 게임은 강화되고, 당신은 중심으로부터 멀어지게 된다. 4차 산업혁명이 좋아하는 이프값으로써의 물리적인 시간이 흐를수록 점점 더 중심으로부터 멀어지는 당신을 발견하게 된다. 물론 당신은 많은 시간이 흐른 후에 알게 될 것이다. 그래서 태연히 원래 세상이 다 그런 것으로 인정하게 된다.

4차 산업혁명 시대의 모든 소프트웨어는 결국 이러한 질문으로부터 출발해야 한다. '이용자로부터 출발하였는가? 그리고 소프트웨어의 중심은 실제 무엇인가?' 이 질문에 관한 답을 찾는 여정이야말로 소프트웨어 파워를 측정하는 기준값이 되어야 한다. 대다수의 플레이어에게는 이러한 일련의 과정과 구조 개선이 불필요하다고 느껴질 수도 있다. 현실적으로 불가능한 교과서적 사고라고 치부할 수도 있다. 다만 그렇다면 이용자를 전면에 내세우지 말아야 하고, 이용자를 현혹시키거나 궁지로 내몰지 말아야 한다. 그래야 이용자에게도 책임을 물을 수 있다.

그러나 지금과 같은 구조라면 그럴 수 없을 것이다. '다가온 미래, 4차 산업혁명 시대의 선택과 그로 인한 모든 책임은 고객에게 있다'고 말하는 것은 애초에 난센스다. 덩어리가 클수록 있는 그대로 솔직해질 수 있어야 한다.

대중의 불안감을
자극하는 프레임

압도적인 속도로
바뀌고 있는 패러다임

집단 속에서 개인의 자아나 사고 체계와는 상관없이 집단의 결정을 따르게 되는 현상을 군중심리라고 부른다. 군중심리는 밀집된 공간에서 특히 빛을 발한다. 시간이 남아 들러본 야외 공연장에서, 대형 이벤트가 펼쳐지는 공간 등에서 대규모 군중을 하나로 일사분란하게 움직이도록 하는 수단으로써의 군중심리 자극은 매우 효율적이다. 이는 거리의 소규모 프로모션 현장을 시작으로 모바일 세상을 거치며 온라인에서도 거의 매순간 활용되고 있다.

4차 산업혁명은 군중심리를 넘어, 불안감을 자극한다. 이는 극단적인 속도 경쟁과 맞닿아 있다. 우선 4차 산업혁명과 같은 거대 프레임을 씌운다. 그리고 프레임을 전파하고 고착화시키는 과정에서 IT 기술이 관여한다. IT 기술이 이용자의 일상을 언제, 어떻게 바꿀 것인가는 다음 문제다. 하물며 이용자를 중심에 둔 IT 기술은 어불성설이다. 여기서의 IT 기술은 4차 산업혁명을 빠르게 확산하는 촉매제로써 작용한다. 프레임 확산에 절대적 영향력을 끼치는 IT 기술은 "나를 이해하고, 도입하지 않으면 미래가 보장되지 않을 거야"라고 단정적으로 말한다. 이러한 주장의 근거로써 인건비 절감, 기존 인력의 효율적 재배치, 빠르고 안전한 일상생활 등을 언급한다. 대체 무엇인지 정확히 설명한 적도 없고, 사전 동의 과정을 구한 적은 더더욱 없는 개별 기술들이 모여 불안감을 자극한다. 마치 이용하지 않으면 현실과 괴리된 삶을 살아야 할 것처럼 몰고 간다.

4차 산업혁명은 한바탕 웃고 즐기면 족한 공연이나 이벤트가 아니다. 각각의 입맛에 맞는 용어로 새로운 패러다임을 부르고, 그럴 듯한 프레임을 갖춘 후에는 내가 만든 프레임 안으로 편입될 것을 주문한다.

덩어리가 모여서 만든
거대한 덩어리

4차 산업혁명을 연구하며 가장 먼저 만나게 되는 감정은 불안감이다. 너무 많은 것들이 마치 전에 없던 새로운 것처럼 태어나고, 덩어리의 크기에 맞춘 프레임과 PR을 통해 우리의 귀를 파고든다. 대부분의 것들은 명확한 실체가 없고, 실체를 겨우 찾을 수 있는 것들은 명확한 설명이 없다. 설명 가능한 인공지능을 말해야 하는 시대에, 인공지능보다 훨씬 더 명확한 프레임을 갖출 수 있는 거의 모든 것들마저도 설명하지 않는다. 오롯이 기술과 속도에 초점을 맞춘다.

"좋아, 그래서 4차 산업혁명이 뭐야?"라는 기초적인 질문에는 한 마디 명확한 답을 못하면서 4차 산업혁명의 총아로써 스스로를 규정한다. 문제는 이러한 껍데기가 너무 만연해 있다는 것이다. 시간의 흐름과 함께 이러한 경향은 더욱 가속화될 가능성이 매우 높다. 누구나 쉽게 말하고, 누구나 쉽게 편입되어 제각각 마치 본질을 논하는 것처럼 이야기할 수 있기 때문이다. 본질을 검토하지 않은 거대 프레임은 이합집산의 형태를 갖는다. 사실 냉정히 말하면 이합집산이 아니라 실체를 규정할 수 없는 것들이 모여 만든 매우 그럴 듯한 껍데기다.

　대체로 무엇인가 명확하지 않을 때, 마치 명확한 실체가 있는 것처럼 만든 과정에서 불안감을 조성한다. 불안해진 누군가는 흐릿한 점 하나를 명확한 실선으로 인지하게 된다. 그리고 여기서의 누군가는 또 다른 누군가로 연결된다. 4차 산업혁명이 갖는 매우 확연한 장점인 연결은 예상치 못한 지점에서 빛을 발한다. 불안감을 조성하지 않아야 한다. 본질에 기반을 둔 실체가 있는 것들은 대체로 담백하다. 그리고 당당하다. 몰라서 못할 수는 있지만, 의도적으로 조장하거나 몸집을 부풀리지 않는다. 미래 예측의 맹점은 여기에 있다.

우리는 유토피아가 아닌 현실에 살고 있다

카페에서 금융 거래를 하는 편리한 세상

　나는 혁명이란 단어를 좋아한다. 지난 5년 간 디지털과 IT 비즈니스에 관한 여러 권의 도서를 집필하는 과정에서 혁명이란 단어는 늘 등장했다. 여러 강의를 진행할 때도 단 한 번의 예외가 없었다. 혁명 혹은 레볼루션*revolution*이라는 용어를 대체할만한 말은 쉽게 발견되지 않는다.

　다만, 한 가지 생각해보자. 혁명에 관한 보편적 정의는 사회적·경제적인 급격한 변화를 말한다. 따라서 4차 산업혁명 역시 사회적·경제적 급격한 변화와 살을 맞대고 있다. 혁명에는 본디 나쁜 혁명과 좋은 혁명이라는 양면이 존재하게 되는데 모든 혁명이 좋을 수는 없다. 우리가 살을 맞대고 있는 곳은 유토피아가 아닌 현실 세계이기 때문이다. 다만 나쁜 혁명이 되지 않기 위한 노력 혹은 견제 세력이 동반되어야 한다. 그래야 디스토피아를 피할 수 있으며, 혁명 역시 그 이름 앞에 자격을 갖게 된다. 따라서 우리는 이러한 질문을 던질 필요가 있다. 4차 산업혁명은 과연 좋은 혁명인가, 나쁜 혁명인가.

누군가는 주저 없이 이렇게 답할 것이다. '당신의 일상을 편리하게, 안전하게 바꿔줄 수 있으므로 좋은 혁명이다.' 그럼 이번에는 그 근거도 들어보자. '지난 수십 년간 IT 기술은 당신의 일상을 변화시켜왔으며, 그에 따라 당신은 커피숍에서 은행 거래를 할 수 있고, 식사 중에도 당신의 음성 하나만으로 맛있는 간식을 주문할 수 있게 되었다. 이 모든 것들은 바로 당신을 위한 서비스다.'

그런데 '당신'을 위한다고 하지만 정작 4차 산업혁명은 당신이 누군지 알지 못한다. 앞으로도 그럴 것이다. 그들은 당신이라는 존재가 있든 없든 앞으로도 계속해서 진화될 것이다. 이미 시스템화 되어버린 IT 기술의 진화는 퇴보하는 것이 오히려 더 어려운 시대로 진입했다.

혁명 혹은 아류를
구분하는 기준

17세기 중반 만유인력의 법칙, 20세기 초반 상대성이론, 그리고 최근까지 우리의 귀를 파고드는 새로운 IT 기술의 진화 측면에서 큰 영향을 끼친 무어의 법칙은 혁명의 전형적인 한 사례다. 무어의 법칙은 인텔의 공동 설립자 고든 무어가 1965년에 주장한 것으로 반도체 성능은 18개월마다 두 배로 증가한다는 내용을 담고 있다. 메칼프의 법칙, 길더의 법칙과 함께 디지털 3대 법칙으로 통용되어 왔다.

그럼 인공지능은? 그리고 사물인터넷은? 나는 이러한 IT 기술의 상위 갈래를 그 자체로 혁명으로 부르는 것에 동의하지 않는다. 이용자 관점에서의 기술은 도구다. 기술은 플레이어가 만들어내는 다양한 서비스를 이용자의 일상으로 가져오는 방법론이다. 집을 짓기 위한 부자재의 종류가 다양해지고, 가벼워지고, 가격이 내려간다고 해서 부자재가 집의 목적 자체를 변형시킨다거나 부동산 시장 자체에 영향을 끼치지는 않는다. 기술 자체를 혁명으로 규정하고, 이를 별 다른 비판 없이 그대로 수용하는 것을 경계해야 한다.

다만 이러한 현상을 기술혁명이라고 부를 수는 있다. IT와 기술이라는 카테고리에서 이들은 혁명이다. 그리고 한 가지 카테고리가 더 포함되는데 이는 '작은 개체'가 '큰 개체'와의 대등한 승부를 벌일 수 있다는 것이다. 유형의 자산 하나 없이 거대 기득권과 동일한 시장을 놓고 경쟁을 벌일 수 있는 장사의 신들이 탄생했으며, 이는 현재도 진행 중이다.

IT와 기술의 카테고리에서의 발전과 작은 개체에게 주어진 비교적 평등한 기회는 혁명의 좋은 단면이다. 이는 4차 산업혁명에도 동일하게 적용된다. 또한 4차 산업혁명 시대의 이러한 긍정적인 측면은 더욱 가속화될 것이다. 그러나 이러한 두 가지 좋은 단면 속에 당신이라는 개체는 없다. 냉정히 보면 4차 산업혁명과 당신은 가운데 선을 기준으로 서로를 힐끗거리고 있을 뿐이다. 따라서 4차 산업혁명은 열광의 대상이 아니라, 관찰의 대상이다.

혁명은 급격한 변화를 동반한다. 그리고 급격한 변화 속에 앞선 것들을 모방했음에도, 앞선 것들보다 그 가치가 떨어질 때 우리는 이를 '아류'라고 부른다. 수십 년 이상을 거슬러 올라가는 역사의 흐름 속에 IT 기술은 계속해서 진화하고 있다. 당신의 삶은 이전 대비 풍요로워졌는가? 무엇보다 이전 대비 행복해졌는가? 만약 그렇다면 이는 우리가 열광하는 4차 산업혁명이라는 든든한 울타리를 가득 메우고 있는 다양한 IT 기술 덕분인가?

그럴 수도 있고, 또 아닐 수도 있다. 문제는 이를 정확히 측정할 수 없다는 점이고, 4차 산업혁명은 애초 당신의 풍요로움이나 행복에 높은 가치를 부여하지 않는다. 최소한 우선순위에 들어가지 않는다. 혁명인지, 아류인지를 판단하는 것은 온전히 당신 개인의 몫이다. 누구에게는 혁명일 수도, 당신 옆의 누구에게는 아류일 수도 있다. 다만 이를 판단하기 위해서는 무조건적인 관심과 열광을 잠시 접어두고 한 걸음 뒤에서 관찰한다는 자세로 바라볼 필요가 있다.

미국 4차 산업혁명의 상징, GE

독일의 혁신 로드맵, 인더스트리 4.0

4차 산업혁명에 관해 가장 많이 들어본 단어가 무엇인가라고 묻는다면 한 치의 망설임 없이 인더스트리 4.0과 GE라고 말할 것이다. 각종 언론 매체, 다양한 유형의 컨설팅사와 연구소의 보고서, 깊이 있는 사례 분석이나 트렌드 변화를 분석한 것으로 비춰지는 도서 등에서도 빠지지 않고 등장하는 두 단어, 독일의 인더스트리 4.0과 미국 기업 GE다. 이 둘은 심지어 4차 산업혁명을 대변하기도 한다. 인더스트리 4.0은 독일의 제조업 혁신 로드맵이며 GE는 미국 제조업의 4차 산업혁명을 촉발시킨 기업의 상징이다. 특히 인더스트리 4.0은 국내에 4차 산업혁명이라는 단어를 처음 알린 계기가 된다. 세계 최강 독일의 제조업이 미래에도 그 위상을 유지하기 위해 사물인터넷을 중심으로 제조업 혁신을 꾀하는 것이 요지다.

질문을 하나 던져보자. 우리는 왜 4차 산업혁명을 제조업 중심으로 생각하고 분석하는가? 제조업을 둘러싼 생태계와 개별 기업이 혁신함으로써 우리의 일상에 어떠한 영향을 미치게 되는 것일까. 그들의 혁신 과정에서 핵심적인 요소는 무엇이며, 당신은 고려 대상에 포함되는가. 만약 당신이 그들의 관심사로부터 멀리 벗어나있다면, 당신이 제조업 혁신을 계속해서 듣고 있어야 하는 이유, 심지어 학습하고 생계형 보고서를 작성해야 하는 이유는 무엇인가.

2020년까지 세계 10대 소프트웨어 회사로 거듭나겠다는 비전을 선포한 GE를 통해 우리는 무엇을 배울 수 있을까. 만약 국내 특정 기업이 GE처럼 조 단위 투자비용을 감당하면서 생산 프로세스를 혁신한다면, 이는 당신의 일상을 위한 것인가, 돈이 되는 기업의 구미를 맞추기 위한 것인가? 만약 돈이 되는 기업의 구미를 맞추기 위한 것이라면, 이를 통해 당신에게 제공 가능한 혜택은 무엇인가. 제조업 혁신이 당신에게 제공 가능한 혜택에 대한 답을 어디서라도, 단 한 번이라도 들어본 적이 있던가.

글로벌 제조기업은
어떻게 혁신하고 있는가

나는 인더스트리 4.0과 GE를 통해 4차 산업혁명에 접근했던 이들 가운데 한 명이다. 비단 4차 산업혁명뿐만 아니라 디지털 전환*digital transformation*에 관한 기업 수요에 맞춰 각종 자료를 제작하면서도 그들의 시장 전략을 참조하고는 했다. 특히 GE의 기존 인프라 혁신은 시장에 레퍼런스를 제공하기에 충분한 것이었다. 외부 업체와의 협력 및 사업 확대에 관한 전략적 유연성은 레퍼런스가 되기에 충분했다. 다양한 산업 갈래 가운데 특히 제조업 분야에 취약했던 나는 GE를 비롯한 몇몇 글로벌 제조사를 통해 IT와 제조가 어떻게 만날 수 있는가를 살필 수 있었다.

제조 분야에서의 가상 설비 혹은 가상 사물을 개발하는 기술을 뜻하는 디지털 트윈 역시 이 과정에서 개념을 정립할 수 있었다. 지금도 개인 홈페이지에 들어가면 GE가 공개한 영상 자료와 함께 디지털 트윈을 간략히 설명해 놓고 있다. GE와 몇몇 제조사를 통해 확립한 디지털 트윈의 개념은 일반 대중 고객을 상대로 하는 서비스 기업에게도 확장 적용 가능하며, 개인적으로 관련 연구를 지속 중이기도 하다.

그러나 GE를 비롯한 제조사와 스마트 팩토리, 그리고 해외의 인더스트리 4.0이 4차 산업혁명을 규정하는 것은 아니다. 치열한 비즈니스 생태계에서 좋은 선례로써 참조는 하되, 그것에 매몰되어 스마트 팩토리 전략을 4차 산업혁명의 본질로써 인식하는 오류를 범하는 것을 경계해야 한다. 기업의 디지털 전환, 기업의 인건비 및 경비 등의 절감이 4차 산업혁명의 본질은 아닐 것이다. 이는 기업 비즈니스 혁신, 기업 영업이익 극대화 전략의 일부로써 참조 가능한 것들이다. 플레이어를 위한 것은 여기까지다.

우리가 4차 산업혁명의 최종 소비자로서 던져야 하는 질문은, 그리고 비용을 들여 학습하고 그 결과물을 발표해야 하는 당위성은 '4차 산업혁명은 이것이다'라고 주장하는 개별 이해관계자나 명망가의 논리적 수사가 아니라, 나의 일상과 어떠한 영향이 있는가 하는 부분이다.

개인적으로 디지털 생태계를 연구해오며 4차 산업혁명이라는 용어를 한 축에 고이 간직한 것이 수년째에 이른다. 저 멀리 던져버리고 싶었지만 그럴 수 없었으며, 온전히 받아들이고 인정하기에 이르렀다. 그런데 스스로 부끄러워 고개를 들 수 없는 것은 4차 산업혁명을 제조업 혁명과 동일하게 규정하고, 그들의 비즈니스 프로세스 혁신이 과연 우리의 일상에 어떠한 영향을 미치는가에 대해 그럴 듯한 답변 하나를 내놓지 못한다는 것이다.

사물인터넷이
현장에 적용된다면

인더스트리 4.0과 GE를 분석하려면 사물인터넷에 대한 맥락을 이론과 현장 관점에서 충분히 이해하고 있어야 한다. 제조업 프로세스 전반을 자동화하고, 고객 맞춤형 솔루션을 제공하는 과정에서 사물인터넷이 폭넓게 관여하기 때문이다. 재밌는 것은 GE와 사물인터넷의 연결 고리를 찾아 분석하는 과정에서 얻게 되는 결과물은 GE만큼의 투자 필요성, 미국 정부만큼의 정책지원과 산업 드라이브 등으로 귀결된다는 점이다. 나는 이러한 분석 결과물을 '고귀하고 우아한 그들만의 리그'라고 부른다. 비즈니스 영역에서는 꽤나 가치를 갖는 것이되, 이용자의 일상과는 상당한 괴리감을 보인다. 그리고 이러한 괴리감은 점점 더 누적되어 어느 순간 따라잡을 수 없게 된다. 아무도 알지 못하는, 그러나 대내외 상황으로 인해 일단 개발해서 앱스토어에 올려야만 하는 앱과 크게 다르지 않다. 꽤나 인지도가 높은데 막상 편의점 커피 쿠폰 하나 받고 나면 바로 지워버리는 앱과 다르지 않다.

이러한 앱 서비스 제공사는 '생계형 그들만의 리그'이고, 4차 산업혁명을 제조업 혁명 중심으로 귀결시키는 일련의 분석과 전파 활동은 '고귀하고 우아한 그들만의 리그'가 된다. 생계형과 우아함의 차이라면 얼마나 큰 덩어리가, 얼마나 많은 이해관계자가 한 데 모여 움직이는가에 있다.

그들만의 리그는 작은 덩어리일수록 좋다. 덩어리가 크면 클수록 그것이 마치 하나의 거대 패러다임처럼 느껴지기 때문이다. 그러한 패러다임의 속은 공허하다. 몰아치고 뒤덮는 듯하지만, 어느 순간 흔적 없이 사라진다. 적어도 우리의 일상에서만큼은 그렇다.

4차 산업혁명은 제조업 혁명인가, 혹은 제조업 혁명 중심의 새로운 패러다임인가? 만약 그렇다면, 그 이유는 무엇인가? 그렇게 주장하는 특정 이해관계자를 제외한, 불특정 다수의 일상에 끼치는 영향 혹은 혜택은 과연 무엇인가? 이 것에 대해 논리적으로 설명할 수 있는가? 난 아직 이 질문에 대한 답을 제시할 수 없다. 그리고 그 어떤 상세한 설명을 접한 바가 없다. 이제 네 번째 산업혁명을 제조업 혁명으로 설명하는 사회적 현상 혹은 담론에 대해 질문을 던져야 한다.

지난 5년의 변화와 한국의 현주소

국내에 4차 산업혁명이란 단어가 처음 생산되고 확산되기 시작한 것은 지금으로부터 약 5년 전인 2013년 하반기로 거슬러 올라간다. 스마트 팩토리, 지능형 공장 등으로 불린 제조업 혁신은 독일의 인더스트리 4.0과 맞물리며 국내에 처음으로 4차 산업혁명을 알리게 된다. 전 세계 경기 침체 속에서 독일이 꾸준히 성장할 수 있던 발판이 제조업 속에 있음을 분석한 보고서가 쏟아지던 시기이기도 하다. 생산 효율성에 기반 하는 제조업의 특성상 3D 프린터, 지능형 로봇 등이 제조업 경쟁력에 크게 이바지할 것이라는 것이 공통적인 논리였다.

대내외 환경으로 1차, 2차 산업혁명에 참여할 수 없었던 국내의 경우 IT 강국이라는 브랜드와 함께 3차 산업혁명의 중심에 설 수 있었다. 그리고 이제 제조업 혁신을 통한 4차 산업혁명에 뛰어들어야 하는데, 대응 정책과 현장의 민첩한 움직임을 발견할 수 없다는 것이 다수가 제기한 문제의식이기도 했다. 그리고 이러한 문제의식은 여전히 4차 산업혁명을 움직이는 핵심 기저 가운데 하나로 작용한다.

그런데 이를 다른 각도에서 가만히 보면 논리적 모순이 발견된다. 제조업에 관해 누구나 합의 가능한 키워드는 생산 효율성이다. 낮은 비용으로, 질 좋은 상품을 많이 생산하는 것이다. 그리고 국가 단위로 보았을 때 제조업이 갖는 매력은 제조업에서의 일거리 창출이 다른 산업의 일거리 창출이 미치는 영향력이다. 제조업 경쟁력을 분석하는 국내외 다양한 보고서에서 이를 제조업의 중요성을 뒷받침하는 논거로 하고 있다. 그런데 누군가의 주장대로 4차 산업혁명을 이끄는 스마트 팩토리는 일거리 창출과 연결되는 것이 아니다. 3D 프린터가, 지능형 로봇이 어떻게 일거리 창출과 연결된다는 것일까. 차라리 1인 생산, 인력 감축이라는 키워드를 전면에 내세우고, 이러한 시장 예상 혹은 생산 효율성을 고려할 때 기존 인력의 활용을 위한 새로운 부가가치 영역을 고민하는 것이 현실적이지 않을까.

똑똑해지는 공장,
더 똑똑해져야 하는 인간

제조업 혁명이란 무엇일까. 제조업 혁명은 모든 생산 과정의 IT 기술을 적용해서 생산 효율성을 높이는 활동이다. 좀 더 폭 넓게는 사람의 개입을 최소화한 기기 간의 커뮤니케이션을 말하며, 이 과정에서 이전 대비 지능화되고 자동화된 기기가 등장한다. 지능화되고 자동화 된 기기는 연결의 결과물이면서 연결을 만드는 주체이기도 하다. 작은 센서를 통해 생산 시설 내의 데이터를 모으고 그들 간의 연결 고리를 찾는다. 어떠한 기기가 얼마나 많은 시간에 걸쳐 제품을 효율적으로 만들었는가, 그 과정에서 작업자의 역할은 무엇이었으며 어떠한 개선 포인트가 발견 되는가 등을 분석한다. 그리고 이들을 서버를 통해 클라우드 방식으로 저장하고 공유한다. 기존의 생산 시설에 스마트가 붙는 전제 조건은 대략 이 정도로 갈음된다. 정의하기에 따라 작업자의 안전함과 편리성을 제고시키는 활동을 포함시키기도 한다. 앞서 예로 들었던 디지털 트윈 역시도 제조업 혁명의 갈래다.

제조업 혁명을 말하게 된 결정적인 IT 기술은 사물인터넷이다. 앞서 생산 시설에서의 데이터 수집 및 관리 역시 사물인터넷이 깊숙이 관여하고 있다. 그리고 사물인터넷과 제조업 혁명은 상호 간의 활용을 넘어, 아예 동일한 것으로 간주되기도 한다.

사물인터넷은 본래 사물지능통신으로 우리 곁에 다가 왔다. 2010년을 전후해 국내외 연구 기관, 매체 등에서 사물지능통신을 미래 사회의 키워드로 선정하고 배포한 바 있다. 그러나 사물인터넷이 국내에 익숙해지기 시작한 것은 2013년 이후이다. 안경을 통해 세상 너머의 세상을 바라볼 수 있을 것 같은 환상을 심어준 구글의 구글 글래스*Goolge Glass*의 홍보 영상은 큰 화제를 모은 바 있다. 2013년 하반기부터 국내에 불어 닥친 독일의 인더스트리4.0은 자연스럽게 사물인터넷과 연결되었다. 2014년 이후 CES 와 같은 글로벌 전자, IT 컨퍼런스에서 사물인터넷 플랫폼과 이를 적용한 초기 단계의 상품이 속속 등장하게 된다. 2018년 현재는 그 기세가 한풀 꺾인 스마트 워치와 같은 몸에 부착되거나 입는 웨어러블 디바이스는 사물인터넷 초기를 알리는 대표 상품이었다. 2013년 구글 글래스를 통해 사물인터넷을 세상에 알린 구글은 스마트홈 기술 개발 전문 업체인 네스트랩스를 약 32억 달러에 인수하기도 했다. 이후로 거대 IT 공룡의 사물인터넷 합종연횡은 가속화된다.

이러한 합종연횡은 비즈니스 생태계에서 사물인터넷의 보편화에 크게 기여한다. 컴퓨터, 스마트폰, 태블릿, 가전, 건축, 음향 등의 수많은 분야에서 사물인터넷 기술이 스며들었다. 물론 글로벌 사물인터넷 기술의 표준화 측면과 보안 위협 그리고 비즈니스에 있어 현실적으로 가장 중요한 비용 이슈 등은 사물인터넷이 넘어야 할 장애물로 남아 있다. 사물인터넷의 현실적 대안으로 불리는 소물인터넷과 사물의 확장 개념인 만물인터넷 역시 당시를 기준으로 알려지기 시작한 것들이다. 인더스트리 4.0으로 시작된 4차 산업혁명 시대의 징조는 사물인터넷을 통해 조금씩 실체를 드러내게 된다.

시작과 끝이 맞닿아 있는
두 차례의 혁명

그런데 아이러니한 것은 사물인터넷이 어느 순간 4차 산업 혁명의 대명사 역할을 하던 제조업 혁명을 위해 존재하는 것으로 비춰지기 시작했다는 점이다. 사물인터넷이 북미, 유럽 전역의 키워드로 등장하면서 스마트 팩토리가 주목 받게 된 것이다. 이로써 인더스트리 4.0으로 시작된 4차 산업혁명은 사물인터넷, 그리고 사물인터넷 기반의 스마트 팩토리를 통해 3차 산업혁명의 그림자를 지워가게 된다. 물론 이에 대해 "3차 산업혁명이 아마 2050년 경에 절정에 오를 것"이라고 저서를 통해 밝혔던 제레미 리프킨은 동의하지 않겠지만, 국내의 보편적 합의 수준은 이때부터 조금씩 4차 산업혁명 시대를 준비하고 있었다. 제조업 혁명을 4차 산업혁명으로, 사물인터넷 기반의 스마트 팩토리를 4차 산업혁명의 시작으로 바라보는 시각은 자연스럽게 다음과 같은 질문으로 연결된다.

한 마디로 4차 산업혁명의 핵심은 사물인터넷 기반의 제조업 혁명인가? 이는 '어떠한 기술이 4차 산업혁명을 주도하는가, 어떠한 플랫폼이 4차 산업혁명의 메카인가, 어떠한 기관에서 발표한 보고서가 4차 산업혁명의 정의에 관한 대표성을 갖는가? 등과 연결되는 질문이다. 지금의 4차 산업혁명은 이러한 표면적 논쟁에 주목한다. 이는 혁명의 중심이 이용자 즉 당신과 당신의 가족이 아닌, 기술과 규모에 의해 움직이는 탓에 발생하는 현상이다. 혁명은 속도와 범위, 그리고 일상에의 영향력 측면에서 과거와 달리 표출되는 것을 의미한다. 그럼 혁명의 목적은 무엇인가를 확인할 필요가 있다. 거대 살상이 이뤄진 무력에 의한 진압과 시위 역시 하나의 혁명으로 부를 수 있기 때문이다.

기술, 기술, 기술…
한 발 물러선 생각이 필요하다

그럼 4차 산업혁명 그리고 4차 산업혁명 시대에 요구되는 관점은 무엇인가? 4차 산업혁명은 처음부터 끝까지 '이용자'를 중심으로 바라봐야 한다. 제조업 혁신, 사물인터넷 퍼스트, 인공지능 퍼스트가 아니라 이용자 퍼스트다. '4차 산업혁명의 5대 기술, 10대 기술이 있다. 앞으로 어떻게 발전할 것이며, 이러한 기술 진화는 우리의 일상을 보다 진일보하게 만들 것'이라는 대부분의 표어는 실상 각론 없는 우아함이다. 앞서 말한 대로 각론이 없는 것들은 대체로 우아하다. 모든 각론이 정답일 수는 없지만, 각론에 접근하기 위한 과정은 결코 본질을 벗어나지 않는다.

그리고 여기서의 본질은 이용자, 즉 당신이다. 각론은 당신의 일상에 어떠한 영향을 미칠 것이며, 좋은 영향으로 연결시키기 위해 어떻게 대응해야 하는가를 연구하는 과정이다. 제조업 혁신으로 시작된 4차 산업혁명, 그리고 사물인터넷이나 인공지능을 곧 4차 산업혁명과 동일시하는 지금의 현상을 경계해야 하는 이유이다. 간혹 의도적으로 이러한 판을 형성하려 하는 힘을 느끼게 되는데, 이는 4차 산업혁명 시대에 가장 경계해야 할 지점이다. 제조업 혁명을 폄하하거나, 국가 경쟁력 차원에서의 제조업의 필요성을 부정하는 것은 결코 아니다. 관련 내가 경계하는 것은 오롯이 하나다. '4차 산업혁명에 우리가 있는가?'

이 질문에 당당하지 못하거나, 명확한 논리를 댈 수 없다면 이는 문제가 있는 것이다. 4차 산업혁명의 본질은 당신이며, 각론은 당신의 일상에 미칠 영향력이기 때문이다. 그리고 만약 문제가 있다면 이는 그 시작부터 잘못 꿰어진 단추가 있을 가능성이 매우 높다. 국내 4차 산업혁명의 시작은 제조업 혁명이었다. 이를 좀 더 명확히 풀이하면 제조업의 문제가 아닌, 4차 산업혁명을 제조업과 이를 뒷받침하는 IT 기술 관점으로 바라보고 전파하는 일련의 행위이다. 이러한 일련의 행위에는 4차 산업혁명의 본질과 각론 측면에서 그 어떤 타당성이 발견되지 않는다. '인공지능은 인류의 종말과 연결될 수 있다'와 같은 명망가의 말을 빌려 4차 산업혁명이 제시하는 어두운 미래를 강조하면서도 그 시작점만큼은 여전히 기술과 기술의 진화를 벗어나지 못한다. 이는 4차 산업혁명이 갖는 대표적 아이러니로 남아 있다.

2020년 태어날 아이들은
훗날 무엇을 추억할까

카세트테이프가 떠오르게 한
몇 조각의 기억

가끔 이런 생각을 한다. '기술이 추억 속에 자리할 수 있는 것일까.' 휴대용 음원 플레이어가 카세트테이프를 세상 밖으로 던져버렸을 때, 그 순간 우리의 기억 속에는 무엇이 자리했을까. 카세트테이프를 대신한 것은 소니와 삼성전자가 내놓은 기기의 예쁜 디자인이었을까? 이어폰을 한쪽씩 나누어 끼고는 누군가와 교감하던 시간. 생전 처음 보는 신문물에 어색함을 감추지 못하던 부모

님의 질문에 짜증을 내버렸던 순간. 바지 주머니에 손을 꽂은 채 용산전자상가에 들러 제품 가격을 흥정하던 이등병의 첫 휴가.

그리고 가끔 이런 생각을 한다. 고무줄놀이와 구슬치기 대신 모바일 메신저와 인공지능이 익숙한 아이들에게는 어떠한 추억이 자리하게 될까. 아이들이 자라 추억을 더듬으며 청승을 떨게 될 그 날에는 IT 기술이 어떤 기억으로 남아있을까. 우리가 기술 특이점의 시대로 주목하는 2040년경에 그들에게도 추억 특이점이 자리할 수 있을까. 기술은 추억이 될 수 있을까. 그리고 만약, 이건 정말 만약인데 내가 아주 작았던 1980년대에 인공지능 로봇이 있었다면 어땠을까. 부모 없이 일과를 보내야 했던 내게 사람과 비슷하다고 꾸역꾸역 우기는 로봇은 추억이 될 수 있었을까. 스스로도 미처 알지 못했던 마음 한 구석의 외로움을 달래줄 수 있었을까.

지금과는 다를
어느 학교의 모습

미래의 아이들은 어떤 풍경 속에서 자라게 될까? 수십 년 후 어느 학교를 찾아가보자. 오늘은 특별한 날이다. 담임선생님이 새로 소개할 친구가 있다는 말을 하고 교실 문을 열자 인공지능 로봇 '뚜뚜'가 들어온다.

"이 아이의 이름은 뚜뚜입니다. 다 같이 박수로 환영해주세요!"

어리둥절한 표정의 아이들. 아무리 둘러봐도 또래 친구는 보이지 않는다.

"선생님, 누가 친구예요? 아무도 없잖아요?"

한 아이가 손을 번쩍 들고 퉁명스럽게 묻는다. 자신의 옆에 선 1미터 남짓한 로봇을 가리키며 웃어 보이는 선생님.

"이 로봇이 뚜뚜예요. 앞으로 여러분의 친구가 될 테니 다들 잘 지내도록 합시다."

교실 안이 일순간 소란스러워진다. 하지만 그것도 잠시. 뚜뚜가 입을 열고 직접 말을 시작하자 아이들은 모두 뚜뚜의 얼굴에 집중하느라 바쁘다.

"안녕? 내 이름은 뚜뚜야. 만나게 되어 반가워."

사람과 비슷한 외형을 한 채 사람의 감정과 감성까지 닮아가는 소셜로봇 뚜뚜. 바닥을 미끄러지듯이 나아가며 아이들과 반갑다는 인사를 나눈다.

디지털과 아날로그는
자석과 같다

다시 현재를 살고 있는 우리의 이야기로 돌아와보자. 만약, 우리의 어린 시절에 뚜뚜와 같은 인공지능 로봇이 삶 속으로 들어왔었다면 어땠을까? 아날로그가 지배하던 당시에 디지털의 정점에 선 그 무엇인가를 받아들일 수 있었을까? 만약 그랬다면 그 원동력은 무엇이었을까? 디지털이 아날로그를 흡수했던 것일까?

그렇지 않다. 디지털과 아날로그는 자석과 같다. 디지털의 세기가 강해질수록 우리는 아날로그를 추억한다. 역의 경우도 마찬가지다. 아날로그의 순수함과 그 이면의 고됨은 디지털을 끌어당기는 강력한 힘을 갖고 있다.

IT 기술로부터 촉발되는 디지털 혁명은 그 자체로 아무 의미가 없다. 무용지물이다. 적어도 우리의 추억 속에서는 그렇다. 초연결은 초융합을 만들고, 초융합은 아날로그를 뒤덮을 디지털을 만들어낼 테지만, 거기까지다. 그들만의 리그는 그들끼리 즐기면 된다. 당신의 일상에 함부로 비집고 들어와서는 안 되는 것이다.

디지털 혁명은 IT 기술에 기반을 두고 있지만, 아날로그의 일부로써 존재한다. 4차 산업혁명과 기술 특이점을 논하게 된 지금의 우리는 아날로그와 디지털을 구분할 수 있을까? 아날로그와 추억이라는 단어를 굳이 꺼내 든 이유는 여기에 있다. 4차 산업혁명을 말하는 거의 모든 이들이 아날로그와 디지털이 융합된다고 하나, 이 둘은 사실 하나가 될 수 없다. 디지털이 아날로그의 영역을 일부 비집고 들어오는 것일 뿐이다.

그럼 우리는 무엇을 해야 하는가. 사랑하는 우리의 아이 세대를 위해 무엇을 해야 하는가. 정답을 제시할 수는 없지만, 아이에게 디지털을 강요하는 것은 정답이 아닐 것 같다. 그래서 우리는 더더욱 4차 산업혁명의 프레임 안으로 들어온 5대 기술, 10대 기술을 까다롭게 바라보고, 냉정하게 선택해야 한다. IT 기술에 관한 모든 선택지를 '나'를 위주로 설정하는 것이다.

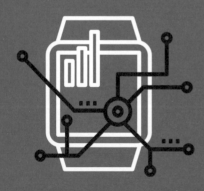

4부

인간과 기술의
공존

"AI와 결혼해도
되겠습니까?"

2018년의 메가 트렌드,
인공지능

4차 산업혁명을 이끌고 있는 다양한 기술 요소 가운데 가장 높은 이슈 지수를 가진 것은 단연 인공지능이다. 필자가 집필했던 《디지털 트렌드 2018》에서 역시 사물인터넷과 인공지능을 2018년의 메가 트렌드로 다룬 바 있다.

인공지능이란 무엇인가. 인공지능의 정의에 관해서는 다양한 해석이 존재한다. 물론 그들 모두는 대동소이하다. 관련 인공지능에 관한 이론적, 기술적 접근 모두를 존중한다. 정답이 없는 상황에서, 기존 논리와 사례를 통해 정답에 가까운 무엇인가를 창조하는 행위는 그 자체로 존중받아야 한다고 생각한다. 그러나 쉽게 납득할 수 없는 한 가지가 있다. '사람과 유사한'이란 형용사를 통해 인공지능에게 '사람다움'을 부여하는 일련의 작업이다. 인간과 유사한 지능 혹은 인간이 부여한 인공적인 지능과 '사람다운 지능'은 전혀 다른 개념이다.

인간이 사용하는 언어로 이루어진 문장의 '맥락을 파악 가능한 인공지능 플랫폼'이 있다고 가정하자. 인공지능이 문장의 컨텍스트를 파악하는 작업은 인간이 평소에 쓰는 언어인 '자연어'를 처리하는 기술이다. 인공지능이 사람의 일상 언어에 관한 앞뒤 관계 및 음성 패턴을 이해하고 이를 기반으로 서비스하는 것을 말한다. 그럼 자연어를 처리할 수 있다면 사람다운 지능의 한 축을 소유하게 되는 것일까? 그렇지 않다. 사람이 사용하는 언어, 의사결정, 행동 등과 유사하거나 이를 넘어서는 결과물을 만들어내는 기계라는 것은 기술 특이점을 향해가는 현상에 다름없다. 인공지능은 당신을 증오하거나 싫어하지 않는다. 반대로 사랑하거나 좋아하지도 않는다. 4차 산업혁명 시대의 플레이어는 인공지능을 수단으로 정의하지만, 나 역시도 이 지향점에 전적으로 동의하고 전파할 준비가 되어있지만, 지금의 현실은 인공지능이 사람을 도구로서 분류하고 인공지능 세상이라는 목적을 향해 가고 있음을 목격하게 된다.

사람에 근접한
낯선 존재

기계와 사람은 대립의 관점으로 접근해서도 안 되지만, 유사한 개체로써 인식하는 과정 역시도 경계해야 한다. 기계는 기계고 사람은 사람이다. 나는 사람다움, 인간이 가진 언어 및 사고 체계와 유사한 기계라는 광고 카피를 통해 보급되는 고도의 기술 진화에 관한 모든 마케팅 활동을 경계한다. 너무도 당연한 말이지만 사람은 기술 특이점을 향해가는 시대와 이를 구성하는 하위 기술 요소를 사람에게 유익한 것으로써 존재하도록 대비해야 한다. 이는 시대의 트렌드를 읽고 어떻게 이용할 것인가를 고민하는 과정일 뿐 시간의 흐름에 따라 기계와 사람을 유사한 개체로써 인정하는 과정이 결코 아니다. 물론 기술 발전을 저해하거나 이를 편향된 시선으로 바라봐서는 안 된다. 그렇게 할 수 있는 방법조차 없다.

다만 기계의 사람다움을 말하는 아이러니는 경계해야 한다. 기계가 사람을 따라잡을 수 없다거나 특정 영역은 절대 그럴 수 없다고 말하는 가운데 기계의 사람다움을 말하는 이율배반. 이 둘은 서로 양립할 수 없다. 따라서 기계로부터 사람다움을 기대한다거나 가족과 같은 삶의 동반자로 바라봐야 한다는 주장은 가십 정도로 가볍게 흘려보낼 수 있어야 한다. 가십거리에 심각해지면 거기에 매몰되어 현실감이 떨어진다. 자신도 모르는 사이에 가십과 현실의 경계를 헷갈리게 된다. 디지털혁명은 가십과 현실이 아닌, 가상과 현실의 경계를 허무는 과정이다.

자율주행 자동차가 낸 사고는
누구의 책임인가

비즈니스와 일상에
진입할 준비

"30년 이내에, 우리는 슈퍼휴먼 지능을 창조할 수 있는 기술을 가지게 될 것이다. 그 이후 인간의 시대는 끝난다. 우리가 이러한 변화를 피할 수 있을까? 우리가 살아남을 수 있는 계기를 만들 수 있을까?"

컴퓨터 과학자인 버너 빈지*Vernor Vinge*는 이렇게 말했다. 인공지능은 2017년 전후의 '떠오르는 기술, 비즈니스 키워드' 영역 대부분에 관여하고 있다. IT 키워드를 선정해 발표하는 여러 기관에서 빠지지 않고 등장하는 용어이기도 하다. 지난 10년간의 IT 키워드를 쭉 나열해서 보면 기관마다 선정하는 키워드가 다르고, 동일한 키워드인데 표현하는 방식 역시 다름을 알 수 있다. 표현 방식은 차치하더라도, 모든 기관에 동일하게 포함된 키워드는 거의 없다. 개별 기관의 성격과 그들을 둘러싼 각종 이해관계가 다르니까. 뜻은 거룩하나, 거룩한 뜻에 대한 공통의 합의 수준은 낮은 상징적 기호를 일컫는 플레이스 홀더*place holder* 같은 느낌을 준다. 같은 듯 다른 비스 무리한 용어를 쓰는데, 실제 그 안을 열어서 보면 첨예한 이해관계에 따라 움직이고, 또 그럴 수밖에 없는 구조다.

이해관계자의 입맛에 따라 선정된 키워드 가운데서도 공통적으로 거론되는 것들이 있다. 약 5년 전의 모바일, 최근의 사물인터넷 정도가 그랬다. 그리고 최근의 인공지능은 수많은 기관 및 컨설팅 업체 등에서 발표하는 IT키워드에서 모바일, 사물인터넷의 뒤를 따르고 있다. 이 가운데 한국정보화진흥원은 2018년 1월 인공지능에 관해 흥미로운 키워드를 발표한다. 설명 가능한 인공지능*explainable AI*이 바로 그것이다.

한국정보화진흥원은 〈2018 ICT 12대 이머징 이슈〉에서 미래 인공지능에 대해 '설명 가능한 인공지능'을 포함시켰다. 이는 인공지능이 비즈니스와 일상으로의 진입 단계에 이미 도달했음을 보여주는 해석이기도 하다. 2017년 하반기 키워드 선정 과정의 자문 역할로 일부 참여했으나, 한국정보화진흥원에서 인공지능에 관해 예상하지 못한 키워드를 매우 적절한 타이밍에 선정했다는 느낌을 받았다. 한국정보화진흥원의 경우 디지털 윤리, 인터넷 유해성 등에 관한 지속적인 연구를 병행해온 기관 가운데 하나인데, 이 점을 비춰보면 결국 인공지능이 기술적인 측면, 즉 빅데이터 기반의 머신 러닝, 딥 러닝 등 신경망 기술을 통해 사람에게 유익한 정보를 제공할 수 있어야 하는 것으로 해석할 수 있다.

'충분히 발전한 과학은 마법과 같다'

설명 가능한 인공지능은 사실 오래된 이슈이다. 그러나 실제 현장 그리고 각론의 영역에서 답을 제시할 수 없었기 때문에, 여전히 매우 유효한 이슈이기도 하다. 설명 가능한 인공지능은 다양한 의미를 내포하는데, 기본적으로 인공지능의 신뢰성과 당위성에 관한 이슈를 던지고 있다. 설명 가능한 인공지능을 좀 더 이해하기 쉽게 풀면 다음과 같다. '인공지능이 지금처럼 인간의 통제 범위를 벗어난 암흑의 블랙박스여도 괜찮은가? 그럼 우리는 어떻게 해야 하는가?' 이러한 질문에 대한 사회적 합의를 도출하는 과정이 필요하다. '충분히 발전한 과학은 마법과 같다'고 했던 공상과학 소설가 아서 클라크*Arthur Clarke*의 말처럼 인공지능은 마법이 아닌, 인간계의 일부여야 하니까.

설명 가능한 인공지능에 관한 가장 유사한 연구 주제로는 '로봇 윤리'를 들 수 있다. 해외의 경우 약 2년 전부터 디지털 휴머니티 영역에서 자주 등장하고 있다. 국내 연구 자료 가운데 도서 《로봇윤리란 무엇인가?》에서는 로봇을 다음의 네 가지로 구분한다.

- 첫째, 로봇은 단지 기계에 불과하다.
- 둘째, 윤리적 차원에서 인간이 설계한 로봇은 인간 의지의 결과물이다.
- 셋째, 도덕적 행위자로서 로봇을 선하거나 악한 행동을 할 수 있는 개체로 간주한다.
- 넷째, 새로운 종의 진화로 간주한다.

위 네 가지 구분에 따르면 결국 사람의 문제가 된다. 새로운 종의 진화로 간주한다는 관점은 결국 '인공적이긴 한데, 도덕적 행위 의무가 있는 주체'로 연결해서 볼 수 있다. 관련 해외에서는 인공적이긴 한데, 도덕적 행위 의무가 있는 주체로써의 인공지능을 가리켜 통상 AMA*artificial moral agent*로 부르고 있다. 이 역시도 사람의 문제와 연결된다. 현재의 보편적인 기준 혹은 상식으로 보면 로봇은 인간의 명령에 따라야하기 때문이다.

유럽 연합에서 2017년 1월 발표한 '로봇시민법'에서도 이를 명확히 하고 있다. 2012년부터 로봇 법률*RoboLaw* 연구 프로젝트를 통해 인공지능 로봇의 인격에 대한 논의를 거듭해 온 유럽연합은 2017년, 로봇시민법을 의결했다. 이 법에서는 로봇을 하나의 '전자 인간*electronic person*'으로 간주한다. 주요 내용을 요약하면 다음과 같다. '로봇 작동을 멈출 수 있는 버튼을 의무적으로 탑재해야 하며, 로봇은 인간을 위협해서는 안 된다. 동시에 스스로를 보호할 수 있어야 한다.'

이는 공상과학의 황금기였던 1940년대, SF 소설 3대 거장 중 한 명으로 불린 러시아 출신의 작가 아이작 아시모프*Isaac Asimov*가 언급한 로봇 3원칙과 그 궤를 같이 한다. 로봇 3원칙은 이러하다.

1. 로봇은 인간에게 해를 끼쳐서는 안 된다.

2. 로봇은 인간의 명령에 따라야 한다.

3. 로봇은 1 원칙, 2 원칙에 위배되지 않는 선에서 자신을 지켜야 한다.

그럼 해당 의무를 누구에게 부여하는 것인가? 사실 이 부분은 명확하지 않다. 앞서 언급한 유럽 연합의 로봇시민법 결의안에 따르면 과실에 대한 책임은 일차적으로 로봇에게 있다. 비록 전자적*electronic*이라는 단서를 달긴 했지만, 로봇 자체를 하나의 인격체*personhood*로써 규정했기 때문이다. 그러나 이에 관한 반론 역시 만만치 않다. 로봇을 인격체로써 규정하고, 그에 따라 과실에 대한 법적 책임을 묻는다는 것은 당장의 현실과 괴리감이 있기 때문이다.

보편타당한
사회적 합의가 필요하다

나 역시 다양한 각도로 검토를 해보아도 쉽게 동의가 되지 않는다. 스마트카의 범주에 들어가는 자율주행차의 예를 들어보자. 자율주행차 역시 인공지능을 기반으로 하는데, 그럼 자율주행차가 촉발시킨 대형 교통사고에 대한 책임을 자동차에게 부여해야 하는가? 인공지능은 로봇이든, 또 다른 무엇으로 통해 표현되든 결국 사전 관리와 사후 책임으로 귀결된다. IT 기술이 촉발시킨 모든 신사업은 규제와 촉진 사이의 첨예한 갈등이 늘 함께한다.

4차 산업혁명에 해당 되는 모든 기술과 비즈니스 역시 마찬가지다. 그런데 이를 일목요연하게 정리하고, 이에 따라 대응 방안을 마련하는 것은 현실적으로 매우 어렵다. 모든 기술과 사업에 동등한 잣대를 들이댈 수 없기 때문이다. 그렇다면 인공지능은 어떻게 규제하고 촉진해야 하는가? 이는 곧 설명 가능한 인공지능의 중요성과 직결된다.

현재 우리가 인공지능에 관해 보편적 합의 수준으로 가져갈 수 있는 명제는 '인공지능 역시, 사람이 그러한 것처럼 설명 가능해야 한다'라는 점이다. 인공지능이 일상에 진입하고 있으니까. 인공지능은 사람이 부여한 기본 값을 바탕으로 스스로 학습하고, 진화한다. 아날로그 시대에 유행했던 동네 오락실 게임 〈스트리트 파이터〉나 〈버블버블〉처럼 세팅된 값에 의존해 우리와 놀아

준, 명확한 한계를 가진 로봇이 아니니까. 일상에 관여하는 인공지능의 결과 값이 어떠한 근거로 도출되었는가를 설명하라는 의무를 부여하는 것이다.

특정 인공지능 브랜드가 어떻게 인간과의 대결에서 인간을 능가할 수 있었는지, 왜 특정 업체 채용에 특정 인물이 더 높은 점수를 받았는지, 나아가 의료 진단과 국방 분야에서의 적의 식별 및 무기 운영 등을 위해서는 상세 근거를 말할 수 있어야 한다는 것이다. 쉬운 예로 사람이 강아지를 보면 생김새와 짖는 소리, 행동 등을 근거로 '저 귀엽게 생긴 녀석은 동물이고, 그중에서도 강아지야'라고 말할 수 있듯, 인공지능이라는 고도의 컴퓨터 혹은 시스템 역시 상세한 판단 근거를 제시하라는 것이다. 특정 개체를 구분하는 단순 인지 범위가 아닌 사람의 일상과 밀접한 연관을 갖는 이슈에 대해서는 판단의 근거가 중요해지기 때문이다. 상식과 법을 벗어나는 사람은 최소한 부분적으로 통제 가능하나 인공지능 컴퓨터는 그렇지 않을 테니까.

당신의 업무를 대신할
머신러닝과 딥러닝

얕은 뿌리,
설익은 열매

　혼히 모든 일에 '왜*why*?'라는 말을 던지라고 한다. 그런데 정말 답답하고 맥을 짚기 어려운 순간은 '왜?'가 아닌 다른 지점에 있다. 이유를 찾기에 앞서 '무엇*what*'과 '어떻게*how*'조차 발견할 수 없을 때가 그렇다. 여기서 아예 한 걸음 더 비껴가는 경우도 있다. 일시정지 혹은 일시 포기의 순간이 오는 타이밍. 언제일까? '무엇'과 '어떻게'가 없는 상황에서, '왜?'만 넘쳐나는 때다. 인공지능이 여기에 해당된다.

인공지능을 해야 하는 이유는 차고 넘치는데, 뭘 어떻게 해야할지 가이드라인이 없다. '헤쳐 모여' 식의 표준화 기구라도 있다면, 그들끼리 영향을 주고받으면서 시장 내 일정한 가이드라인이 자리를 잡게 되는데, 그마저 없다. 이렇게 되면 소위 말하는 '야시장'으로 변질될 가능성이 높다. 맑고 깊어야 하는데, 탁하고 얕다. 단단한 뿌리로부터 열매가 맺어져야 하는데, 설익은 열매가 뿌리를 가린다.

생태계 측면에서 조금 넓게 보면 '사물인터넷과 그 하위 갈래로서의 인공지능' 혹은 '사물인터넷과 병렬 관계로서의 인공지능'의 차이는 여기에 있다. 사물인터넷은 과거로부터 지속되어 온 그것인 반면, 인공지능은 유구한 역사를 갖고 있지만 과거로부터의 지속성을 갖는 구조는 아니다. 사물인터넷은 좋게 보면 역사가, 비틀어 표현하면 기득권이 분명 존재했던 시장이다. 그래서 어설프게 툭툭 맺어진 열매가 뿌리를 가릴 수는 없었다. 그것이 안 되는 시장이다. 반면 인공지능은 가능해보인다.

'당신이 할 수 없거나
하고 싶지 않은 일을 대신합니다'

인공지능의 정의는 인공적인 지능이다. 간단하다. 백과사전으로 보면 이 정도로 갈음된다. 분량은 더 긴데, 알맹이는 위의 한 줄이다. 그런데 문제는 '인공적'이라는 형용사와 '지능'이란 명사가 둘 다 선뜻 와 닿지 않는다는 점이다. 일상어가 아니기 때문이다.

내가 내린 인공지능의 정의는 '나의 도우미my helper'다. 도우미란 있는 그대로 해석하면 도움을 주는 무엇이 된다. 그럼 이제 '당신이 못하는 것을 대신해주거나, 당신이 할 수는 있지만 번거로운 무엇을 대신해줄 수 있는 인공지능'이란 주장에 대한 근거를 댈 수 있으면 된다. 그래서 인공지능한테 학습을 시킨다. 그런데 우리를 헷갈리게 하는 것이 바로 이 문장이다. 인공지능한테 학습을 시킨다는 말에는 어폐가 있다.

인공지능에게 학습learning을 시키는 것이 아니라 우리가 지난 수십 년 간 다뤄왔던 컴퓨터에 학습을 시킨다. 우리는 이 학습 과정을 통해 도출된 결과물을 인공지능으로 부른다. 우리가 매체, 포털, 컨설팅 회사 등에서 듣는 인공지능은 결과물이다. 학습 과정에 머신러닝, 신경망, 딥러닝 등으로 부르는 기술이 관여하는 구조이다. 따라서 인공지능을 이용하기까지의 순서는 다음과 같이 요약된다.

입력(input) — 학습(learning) — 결과(output)

그럼 이제 결과물을 도움이 되는 방향으로 이용하며 된다. 인공지능은 사람에게 달면 삼키고 쓰면 뱉는 그런 존재이다. 인공지능이 무엇인지, 관련 시장이 어떻게 움직이고 있는지를 아는 것은 꽤 유의미한 활동이다. 그러나 이는 지식 자체를 채우기 위함이 아닌, 나의 일상에 이용하기 위함이다. 물론 여기에는 연세 지긋하신 어른 세대도 포함된다. 인공지능은 결국 사람이 이용하는 수많은 기술 가운데 하나로써 자리해야 한다. 그리고 결국 사람은 아니기 때문에, 달면 삼키고 쓰면 뱉으면 된다. 4차 산업혁명 시대를 구성하는 다양한 기술 요소 가운데 인공지능은 특히 이러한 자세가 필요하다.

이를 위해서는 한 가지 짚어야 할 것이 있다. 앞서 인공지능을 학습이 아닌 결과물이라고 했다. 기본적으로 인공지능은 나의 도우미이므로 도우미가 제공하는 서비스로서의 결과물을 이용하면 되는데, 그럼 우선 도움이 되는 결과물을 낼 수 있도록 학습을 시켜야 한다. 인공지능이 스스로 학습할 수 있는 단계까지 갈 수 있도록 하기 위해, 지속적으로 특정 값을 넣어 주고input, 기다려 주는 아량이 필요하다. 아량은 사람에게만 있다. 사람이 기본 값을 주고, 아량을 베풀었으니 이용할 권리는 사람에게 있다.

기업과 소비자의
가장 큰 입장 차이

그럼 사람이 인공지능을 이용할 수 있도록 하기 위해 '사람은 무엇을 학습해야 하는가?'하는 질문에 접근할 수 있다. 다음, 네이버와 같은 포털의 검색어 자동 추천도 인공지능이다. 2012년을 전후해 시작된 LTE 시대 이후 우리가 수년 간 손에서 놓지 않고 있는 모든 스마트폰의 가장 원초적인 권한을 지닌 회사인 구글 Android과 애플iOS의 음성인식 서비스도 인공지능이다. 스마트폰 카메라의 초점 자동조절(얼굴인식) 역시도 인공지능에 해당된다.

이와 같이 우리가 수년 간 경험해본 인공지능과 현재의 인공지능은 무엇이 다를까? 가장 먼저 떠오르는 차이점은 기술의 진화 측면이다. 그런데 대부분의 이용자와 기업 실무자에게 가장 결정적인 차이는 기술의 진화가 아닌, 우리 스스로 학습해야 한다는 점이다. 인공지능에 관한 우리의 아킬레스건은 바로 이 지점에 있다. 싫기도 하고 무엇보다 난감한 시대로 들어섰다. 나는 이를 다음과 같이 부른다. '인공지능의 적반하장!'

인공지능은 그저 알아서 음성을 인식하고, 검색어를 추천하고, 콘텐츠의 주제 정도를 분류해주는 우리의 일상과 저만치 떨어져있는 것으로 여겼는데 그것이 아니게 되어버린 상황이다. 인공지능은 당신의 모든 질문에 답을 할 수 있는 것처럼 다가오지만, 인공지능 스스로에 관한 근본적인 질문에는 답을 할 준비도, 관련 의무도 없기 때문이다. 이제 사람에게 학습을 요구하는 인공지능, 그리고 인공지능 시장이 되었다. 우리가 인공지능을 학습해야 하는 시기로 들어온 것이다.

내 가게에 '챗봇'을
도입하고 싶다면

기계에게 가르쳐야 할
세 가지 포인트

인공지능 적반하장 시대에 우리는 무엇을 학습해야 하는가? 이는 곧 인공지능에 관해 무엇을 교육해야 하는가와 같다. 인공지능 교육은 크게 세 가지로 구분된다.

첫째, 기본 값을 주기 위한 판을 만드는 교육이다. 이는 플랫폼을 의미한다. 구글의 인공지능, 네이버의 인공지능, 카카오의 인공지능, SK C&C의 인공지능 등이 여기에 해당된다. 플랫폼이므로 위에서 밝힌 기본 값을 주는 것과 최종적으로 이용하는 것을 고려한 교육이 되어야 한다. 따라서 컴퓨터를 잘 다뤄서, 코딩을 잘해서, 인프라 구조에 관한 이해도가 높아서, 요약하면 개발만 잘해서 될 일은 아니다. 인공지능 교육에 있어 판을 만드는 작업은 기본 값을 주는 것과 이용하는 것, 그리고 인공지능 시장의 특성을 고려할 필요가 있다.

둘째, 기본 값을 주는 교육이다. 이는 기본적인 기술 구조의 이해와 마케팅이 포함된다. 인공지능이 '나' 혹은 '기업'의 도우미가 되기 위해서는 정제된 질문과 답변, 나아가 터무니없는 질문과 그에 대한 답변 값을 넣어줘야 한다. 데이터를 읽는 노력과 주기적인 업데이트 역시 필요하다. 이렇게 하더라도 예상치 못한 질문 영역이 남는다. 그런데 이는 당분간은 어쩔 수 없다. 그저 정해진 "죄송합니다" 혹은 "위 링크를 통해 확인하실 수 있습니다" 정도의 대응을 하도록 설정해주면 된다. 학습을 위한 물리적인 시간이 필요하니까 한두 달로는 현실적으로 어렵다. 테스트의 개념으로 접근해서, 조금 긴 호흡으로 바라봐야 한다.

셋째, 실제 이용할 수 있도록 채널에 붙이는 교육이다. 이는 인공지능을 채널에 붙이는 것으로 홈페이지, 메신저 등의 온라인 채널에 플랫폼을 연동함을 의미한다. 이것은 배우기만 하면 오랜 시간이 걸리지 않는다. 물론 대용량 데이터베이스가 따라붙는(통상 '기간계'라고 부르는) 기업의 각종 시스템과 영향을 주고받는 채널이라면 조금 다른 이야기가 된다.

그런데 아무리 간단한 채널이어도 막상 연동 테스트를 해보면 기존 채널에 영향을 주는 경우가 흔히 발생한다. 수년간 잘 있던 온라인 채널이, 인공지능 플랫폼 연동 이후에도 전과 동일하게 고스란히 잘 버티고 있는 경우는 흔치 않다. 하다못해 채널의 프레임에 영향을 주어 글자가 작게 보이는 등 무엇인가 하나씩은 틀어지는 경우가 흔하다. 그래서 관련 교육이 필요하다. 다만 기본 값을 주는 작업과 채널에 붙이는 작업은 채널의 용도, 개발 시기 등에 따라 그 순서를 달리할 수 있다.

기업이 주목하는 틈새시장, 소상공인

우리가 모르는 사이 어느덧 시장에는 다양한 인공지능 플랫폼이 등장했다. 그런데 이들에게는 한 가지 주목할 만한 공통 특성이 드러난다. 시장 타깃이다. 이들은 시장 초기부터 소상공인을 전면에 내세우고 있다. 왜 소상공인일까? 소상공인에 관한 관심이 깊어서? 동네 치킨 집이나 미용실에 관한 아련함이 들어서? 정부나 상위 기관의 눈치를 보느라? 물론 다 포함될 수 있지만 결정적인 이유는 아니다.

결정적인 이유는 두 가지다. 첫째, 현재의 인공지능이 갖는 한계에 대해 인공지능을 만든 플레이어들이 그 누구보다 잘 알고 있기 때문이다. 둘째, 인공지능 솔루션의 대표주자인 '챗봇'이 소상공인에게 도움이 될 만한 수준이기 때문이기도 하다. 소상공인은 대표적인 틈새시장이다. 드물게는 세컨드 시장이다. 현실적으로 그럴 수밖에 없다. 정말 작은 규모이기 때문이다. 그럼 이 시점에서, 인공지능을 연구하는 기업들의 소상공인 타깃 전략이 '치사하다'고 느껴지는가? 그렇게 생각할 일은 아니다. 서로 '윈윈'하면 된다.

여기서 인공지능 교육이 주목해야 할 또 다른 포인트가 도출된다. 앞서 인공지능 교육의 세 가지 영역 '판 만들기, 학습을 위한 기본 값 주기, 채널 연동하기'를 언급했다. 이 세 가지 모두에서 소상공인이 이용할 수 있는 영역과 수준을 고려한 교육이 필요하다. 물론 고려 대상에 소상공인만 들어가는 것은 아니다. 여기서의 소상공인은 타깃 특성을 규정하는 대명사로서 기능하니까. 이 말은 곧 플랫폼 측면에서 '플랫폼 자체가 가볍거나, 가벼운 영역을 선택할 수 있어야 한다는 것'을 의미한다. 여기엔 당연히 월 단위 혹은 인공지능 이용 건수 별 비용을 포함된다. 기본 값 주기, 채널 연동하기에 관한 교육 역시 이 부분을 고려해서 진행되어야 한다.

그리고 인공지능 교육이 결코 간과해서는 안 되는 지점이 남아 있다. 위에서 밝힌 인공지능 교육의 세 가지 요소는 보편적으로 합의 가능한 인공지능 교육 영역을 기술과 마케팅 관점에서 분류한 것이다. 좋게 표현하면 실사구시, 냉정히 보면 어려운 취업 시장에서 인공지능 인력을 생산하고 일자리 확대를 위한 방법을 요약한 것이다. 따라서 위와 같은 인공지능 교육의 세 가지 요소, 혹은 그 이상의 과정이 발견된다고 하더라도 인공지능을 만들거나, 만들어진 인공지능을 활용해서 새로운 서비스를 만드는 일련의 행위가 가져오게 될 결과 값을 검토하는 것이다.

컴퓨터에게 막대한 통치권을 허락하지 않는 사람이야말로 바보라고 주장하는 사람은 폴 굿먼이 말한 '기술적 겸양'을 전혀 갖추지 못한 사람이다. 기술적 겸양이란 전체적 감각을 가지고 있어 하나 이상의 특정 기능이 관철되도록 요구하거나 강요하지 않는 것을 말한다.

—《테크노폴리》, 닐 포스트먼 저, 김균 역, 궁리출판, 2005. 11., 159쪽

기술 지향성 혹은 기술 편향성에 따라 도출된 값은, 그 값을 만들어낸 누군가에게 화살로 돌아올 수 있기 때문이다. 따라서 누군가, 어디에선가 인공지능 교육을 반드시 진행해야 한다면 우리는 기술 개발, 마케팅 기획 과정에서 두 번의 사전 검토를 거쳐야 한다. 인공지능 플랫폼 설계 시점에서의 이용자 중심 사고, 그리고 플랫폼을 활용한 서비스 설계 시점에서의 이용자 중심 사고다. 그러나 안타깝게도 플랫폼 설계 과정에서의 이용자 중심 사고는 이용자가 얼마나 편리하게 이용 가능한가로 갈음된다. 서비스 설계 역시 다르지 않다. 플랫폼을 기반으로 탄생하는 서비스는 결국 플랫폼으로부터 완전히 자유로울 수 없기 때문이다.

인간이 무엇을 원하는지 교육이 가르쳐줄 수 없다면 교육은 무슨 소용이 있을까요? "삶에서 내가 무엇을 해야 할까요?"라거나 "구원 받으려면 무엇을 해야 할까요?"와 같은 물음은 수단이 아니라 목적과 관련된 문제입니다. 여기에 대해 "원하

는 바를 정확히 말해주면 얻을 수 있는 방법을 알려주겠다"는 식으로 기계적인 답을 해서는 안 됩니다.

—《굿 워크》, E. F. 슈마허 저, 박혜영 역, 느린걸음, 2011. 11., 193~194쪽

판을 만드는 것, 기본 값을 주는 것, 이용하는 것의 전 과정에서 이용자의 일상은 물론 사회 전반에 어떠한 영향을 끼칠 수 있는가를 검토할 필요가 있다. 설명 가능한 범위를 그 누구도 명확히 설명할 수 없는 인공지능은 특히 그래야 한다.

테크놀로지의
추격이 시작되었다

기술 특이점의
이중성

기술 특이점*technological singularity*. 미국의 미래학자 레이 커즈와일은 자신의 저서 《특이점이 온다》에서 '인공지능과 기계가 인간의 능력을 초월하는 시점'을 특이점라고 규정했다. 이 도서는 본래 미국에서 2005년에 출판된 책으로 베스트셀러 반열에 올랐다. 국내 번역본의 부제목인 '기술이 인간을 초월하는 시기'처럼, 특이점은 인간이 인공지능과 기계를 경계하고 일정 부분 두려워

해야 하는 시기를 말한다.

이 책을 접하고 약 3년의 시간이 흐른 지금의 우리는 특이점의 또 다른 면에 주목한다. 인문학이다. 기술은 늘 사람 혹은 인문학을 말한다. 표면적으로든, 프로세스 전반에 이를 반영하기 위한 노력이든 그 수준과는 상관없이 기술과 사람의 공존은 영원한 숙제로 남아 있다. 최근 들어 이러한 경향은 더욱 강해지고 있다.

나는 이를 '기술적 특이점의 이중성'이라고 규정한다. 4차 산업혁명 역시 예외가 아니다. 4차 산업혁명을 키워드로 하는 다양한 자료, 상품, 서비스의 대다수는 사람을 말한다. 사람의 일자리, 사람에게 이로운 기술, 사람을 위한 미래 인프라 구성 등등. 나는 이를 믿지 않는다. 어느 TV 예능프로에 나온 피부과 의사가 "피부는 껍데기다. 피부 속을 깨끗이 하기 위한 노력이 있어야만 껍데기를 가꾸는 의미가 있다"는 뜻의 발언을 한 적이 있다. 4차 산업혁명 자체가 기술 지향적, 기술 중심적으로 흘러가고 있는 상황에서, 겉으로 외치는 사람에 관한 구호는 말 그대로 구호일 뿐이다. 허황된 메아리와 같다.

기술과 사람의 공존은 4차 산업혁명을 구성하는 다양한 기술에 관한 현상, 담론에 있어 가장 믿을 수 없는 지점이다. 기술은 기술이고, 사람은 사람인데 이 둘을 잘 포장해서 나란히 손을 잡고 나아갈 것을 요구한다. 이는 불가능하다. 왜 그럴까? 4차 산업 혁명 생태계를 구성하는 첨예한 경쟁 관계에 놓인 다양한 이해관계자들은 그들 스스로 변할 수 없기 때문이다. 따라서 4차 산업 혁명 시대의 기술과 사람의 공존에 관한 숙제를 풀어야 할 사람은 현장의 이해관계자가 아니라, 이용자인 우리다.

무대 위에서 춤을 추는 IT라는 댄서

한창 성장기에 있는 아이가 숙제를 해야 하는데, 당장의 시급한 일이 있거나 숙제를 해야 할 이유를 도저히 납득할 수 없어 할 수 없는 상황이다. 그럼 아이의 엄마가 숙제를 일정 부분 대신하거나, 아이가 숙제를 할 수 있는 상황으로 만들어줘야 한다. 그럴 수 없다면 아이에게 숙제를 하라고 강요해서는 안 된다.

4차 산업혁명을 아이라고 한다면 우리는 그 부모다. 그리고 기술 특이점은 컴퓨터가 사람의 지능과 유사하거나 초월하는 순간을 말한다. 아이는 성장을 향해 무섭게 돌진한다. 일정 시간만큼은 오롯이 그 하나만을 위해 인생을 살아가는 존재가 된다. 부모는 돌진하는 아이가 올바른 방향으로 갈 수 있도록 관리하고, 때로는 다독거릴 책임이 있다. 그러나 부모는 결국 아이를 이길 수 없다. 특히 지능과 경험이 충분해지는 시점에 이르러서는 더욱 그렇다.

지금이 4차 산업혁명을 둘러싼 다양한 현상에 관해 물어보고 방향을 재정립할 수 있도록 타이를 수 있는 마지막 시간일 수 있다. 우리는 대체로 새로운 IT 기술을 개발하거나, 개발된 IT 기술을 유효 적절히 활용해 사회적 영향력을 끼치는 이들을 경외하고는 한다. 그럼 반대로 비판 받아야 하는 이들은 누구인가? IT 기술을 개발하지 못하는 사람, 개발된 IT 기술을 활용하지 못하는 사람인가?

그렇지 않다. IT 기술이 사람과 사회를 어떻게 변화시키려고 하는지, IT 기술 속에 사람과 사회가 과연 고려되고 있기는 한 것인지 등에 대해 묻지 않는 사람이라고 생각한다. 그리고 IT 기술을 개발하고 활용하는 사람들 이상으로 경외 받아야 할 사람은 그들에게 다양한 요구사항을, 나름의 방식을 통해 요구하는 사람들이다. 요구하고, 반영시키며, 만약 반영되지 않을 경우 중단을 요구함으로서 4차 산업혁명의 주인이 되는 것이다.

4차 산업혁명은 배움의 대상이 아니라, 무엇인가를 계속해서 요구해야 할 대상이다. 경외 받아야 할 사람은 4차 산업혁명의 이해관계자가 아니라. 올바른 4차 산업혁명을 소비할 줄 아는 당신이다. 그리고 인문학적 소양은 우리가 갖춰야 할 것이 아니라, 4차 산업혁명이란 녀석에게 요구해야 하는 가치이다. 그리고 여기서의 인문학은 깊이 있는 철학적 사고가 아니라, 기본의 준수다. 즉 비즈니스의 기획, 실행, 운영에 관한 일련의 프로세스에 있어 사람을 중심에 놓고 처음부터, 본질로부터 사고하는 과정이다. 기본 스텝을 학습하지 않았거나, 그럴 듯한 동작에만 매몰되어 기본 스텝을 무시하는 댄서에게 앞날이 있을까. 4차 산업혁명은 기본을 무시한 채 화려한 조명 아래 춤을 추는 댄서와 같다. 댄서와 다른 점이라면 기본 따위 조금 멀리해도 조명과 무대의 중심에 설 수 있다는 점이다.

제로베이스 씽킹에서
열쇠를 찾아라

4차 산업혁명이 만들어갈 미래를 대변하는 키워드는 다음과 같다. 사람과 로봇의 공존, 로봇 윤리, 일자리 변화, 인간 일자리 감소, 디지털 유토피아, 디지털 디스토피아, 공상과학영화가 일상이 되는 세상…. 이런 키워드는 두 가지 특성을 갖는다. 첫째는 미래에 대한 기대와 불안이고, 둘째는 키워드를 지렛대로 한 새로운 기회의 창출이다.

나는 특히 두 번째 특성에 주목한다. 이는 4차 산업혁명의 겉모양을 그럴 듯하게 인용하며 새로운 이해관계를 창출하는 활동이다. 이 과정에서 4차 산업혁명이 가져올 미래에 대한 기대와 불안을 교묘히 이용한다. 오롯이 그들을 위해 이롭게 쓴다. 가끔 흠칫 놀랄 때도 있다. 너무도 재빠르고 그럴 듯한 탓이다. 본질에 대한 고민이 없는 부가가치 창출이 갖는 함정은 여기에 있다. 4차 산업혁명이 만들게 될 미래가 과연 옳은 것인가, 사람에게 이로운 것인가에 관한 한 치의 고민 없이 미래를 대비하라고 주문하는 행위를 시장 경제의 하나로써 이해하고 넘어가는 것은 꽤나 씁쓸하다. 이럴 때 먹을 수 있는 소화제라도 한 알 있었으면 좋겠다.

이러한 소비 방식은 통상 새로운 행동 양식과 사고 양식을 주문한다. 물론 여기서의 행동 양식과 사고 양식은 주문자가 이미 들고 있는 인프라에 교묘히 짜 맞춘 것들이다. 우리는 합리적이고 민주적인 대한민국에서 열심히 세금을 내고 있는 사람들이므로 이렇게 질문하고 대안을 물을 수 있어야 한다.

"내가 모르는 사이에 변해가는 것들, 어쩌면 알 수 없는 블랙박스 구조 속에서 변해가는 것들에 왜 우리가 늘 맞춰야 하는 것일까? 그리고 우리가 맞춰가는 것이 우리를 위한 것일까? 좀 더 좋게 변할 수는 없을까?"

4차 산업혁명에 대응하기 위해 우리에게 주문하는 것의 대부분은 초등학교 도덕교과서에서 보던 내용이다. 나는 법전이나 헌법을 단 한 번도 읽어 본적이 없으나, 도덕교과서 대로만 살 수 있다면 충분할 것이라 믿는다. 따라서 4차 산업혁명을 소비하는 이들이 우리에게 주문하는 것들은 매우 유용할 것이라 믿고 싶었다. 아니, 시간의 흐름과 함께 점점 유용한 가치로 업그레이드 될 것이라고 믿고 싶었다. 지난 2년 여간 유행하고 있는 키워드인 디지털 트랜스포메이션처럼, 가치의 트랜스포메이션 현상이 일어날 것으로 기대했다.

그러나 3년 전, 2년 전, 1년 전, 그리고 지금도 달라지지 않았다. 점점 더 교묘해지고 있을 뿐 변화의 기미가 보이지 않는다. 융합형 인재, 창의력, 셀프리더십, 스스로 사고하는 능력…. 이런 그럴 듯한 것들에 4차 산업혁명을 끼워 맞추는 행위는 결국 4차 산업혁명의 블랙박스 경향을 강화시켜 갈 것이다. 이러한 행위가 나쁜 의도를 갖고 있지 않음을 알고 있다. 또한 그래서 시간의 흐름과 함께 더욱 더 무분별하게 생산되고 전파된다는 것 역시 알고 있다. 지금 이 시간에도 새로운 콘텐츠로서 온라인 세상을 채워가고 있을 것이다.

얼마 전 TV 예능프로그램인 〈한끼줍쇼〉를 봤다. 부산에서 저

녁을 얻으러 다니던 중 진행자인 강호동이 선배인 이경규에게 묻는다.

"그런데 PR이 뭐에요?

"PR? 피할 건 피하고, 알릴 건 알리는 거!"

이경규의 넘치는 위트에 정말 크게 웃었다. 오랜 연륜과 타고난 감각이 동반된 명언이기도 하지만, 비즈니스 현장에서 PR은 이와 실제로 비슷한 성격을 가진다. 그런데 우리 모두 알다시피 예능은 예능이고 현실은 현실이다. 4차 산업혁명을 이해관계에 끼워 맞춰 해석함으로써 '피할 것은 피하고 알릴 것은 알리는' 일련의 행위는 PR이 아니다. PR은 대중에게 알릴 무엇인가를 잘 알고 있는 개인 혹은 집단이 수행하는 고도의 마케팅 행위다. PR 담당자가 일정 부분 가공된 정보를 들고 대중과 소통하는 과정에서 겉으로 드러나지 않는 수많은 고민이 동반된다. 4차 산업혁명을 PR할 때도 마찬가지다. 입맛에 따라 피할 것은 피하고 알릴 것만 알리는 얄팍한 상술을 경계해야 한다. 예능은 예능일 뿐, 현실에서 예능을 찾을 수는 없다.

정교한 공식
안에 있는 인간

4차 산업혁명이라는 거대 패러다임 속에서 예능과 현실을 구분하는 방법은 비교적 명확하다. 처음부터 생각하는 것이다. 본질로부터 출발하는 것이다. 제로베이스 사고다. '기술이 사람의 일상을 어떻게 변화시키는가?' 제로베이스 사고는 4차 산업혁명에게 이와 같은 질문을 던지는 것을 말한다. 가상현실의 창시자로 불리는 재런 러니어*Jaron Lanier*는 그의 저서 《디지털 휴머니즘》에서 기술과 사람의 관계에 대해 다음과 같이 말하고 있다.

> 자기 생각 없이 집단에 휩쓸리는 패거리 심리를 자극하는 쪽이어서는 안 된다. 그보다는 개별적 지성을 함양하고 고무할 수 있는 길을 찾아야 한다. 사람이란 무엇인가에 대한 대답을 알았다면 컴퓨터 안에 인공 인간을 프로그램 할 수 있을지도 모른다. 그러나 그럴 수 없다. 사람이라는 존재는 특허를 낸 공식이 아니라 탐구이고, 수수께끼이며, 종교적 믿음이기 때문이다.
>
> —《디지털 휴머니즘》, 재런 러니어 저, 김상현 역, 에이콘출판, 2011. 1., 23쪽

그는 "사람이라는 존재는 특허를 낸 공식이 아니다"라고 말한다. 그러나 지금의 4차 산업혁명은 당신을 공식으로 바라본다. 당신은 어떠한 공식 속에 있을까? 4차 산업혁명은 프레임 놀이다. 개별 플레이어가 만들어낼 수 있는 기술, 그 기술들이 이합집산으로 만들어낸 또 다른 기술의 진화 속에서 그들만의 프레임을 만들고 이를 확산시킨다. 그리고 이 과정에서 승리한 몇몇 플레이어는 해당 프레임을 당신의 일상 속에 기어이 정착시킨다. 마치 진리인 것처럼 말이다.

그제서야 당신을 말할 차례다. 정착된 프레임을 이윤 창출과 연결하는 과정에서 고귀한 가치로써의 사람이라는 카드를 꺼내든다. 사람을 생각해본 적이 없는 대다수의 기술은, 사람을 위한 기술의 탈을 쓰게 된다. 그리고 그들은 사람을 어떻게 활용해야 하는가를 그 누구보다 잘 알고 있다. 해당 방법론에 있어 그들은 선수다. 설사 잘 몰라도 상관없다. 잘 아는 이들에게 그들에겐 푼돈일 수수료를 주고 맡기면 된다. 이는 4차 산업혁명 시대의 대다수 기업을 플레이어라고 부르는 이유이기도 하다.

4차 산업혁명에 관해 내가 확신할 수 있는 지점은 하나다. '당신이 열광하고 학습하는 4차 산업혁명은 당신이 아닌 플레이어가 만든다. 교과서가 아닌 현실에서는 그렇다.'

플레이어는 당신을 이윤 창출의 공식 속에 삽입한다. 당신은 당신도 모르는 사이에 개발되고 진화되어 온 기술 체인이 활용하는 정교한 공식 안에 존재한다. 여기서의 정교한 공식은 당신에게 우아한 날갯짓을 허용한다. 그러나 간택된 당신은 4차 산업혁명이라는 프레임과 기술 체인 속에서 돌아갈 뿐이다.

4차 산업혁명이 새로운 패러다임으로 등장했으니 해당 프레임과 공식에 맞출 것을 일방적으로 주문해서는 곤란하다. 만에 하나라도 그것이 교묘히 포장되고 전달되는 상술이라면 더욱 그렇다. 4차 산업혁명을 면밀히 고민하고, 4차 산업혁명이라는 녀석에게 변할 것을 주문해야 한다.

4차 산업혁명의
독촉장

일상 속으로 밀고 들어오는
무형의 압박

4차 산업혁명에 유연하게 대응하라고 한다. 다가올 미래, 이미 와 있는 미래에 능동적으로 대응하라고 한다. '열린 미래'에는 '열린 자세'가 필요하다고 한다. 이는 이용한 바가 전혀 없는 서비스에 대한 청구서와 같다. 이 청구서에 대해 내가 이해하는 것은 다음과 같다.

'우리가 4차 산업혁명의 한 축이 되어 세상에 무엇인가를 내놓을 것이니, 이를 이용해주기를 바란다. 만약 이용하지 않는다면 당신은 시대에 뒤떨어질 수 있다. 우리는 당신에게 사전 동의를 구한 적도, 당신의 상황을 충분히 고려한 적도 없으나, 비록 그러하더라도 우리가 제시하는 열린 미래에 대해 당신은 한층 더 열린 자세로 준비해야 할 것이다. 다시 말하지만 이는 우리가 제시하는 새로운 무엇인가를 이해하고 이용하는 것으로 충분하다.'

사전 동의 절차라는 것은 무엇인가를 가입해서 지속 이용하거나 특정 기간 동안 무상 서비스를 받는 과정에서 필수로 진행되는 절차이다. 이러한 행위를 요구하는 대다수의 서비스는 거대한 패러다임으로 다가오거나 일반 다수에게 보이지 않는 강요할 수 있는 성질의 것이 아니다.

그러나 4차 산업혁명은 다르다. 4차 산업혁명은 보이지 않는 강요를 동반한다. 그것에 편입되거나 올라타지 않으면 시대에 뒤떨어진 사람으로 규정하려 들기도 한다. 나는 이를 사전 동의 절차와 당신의 알 권리가 결여된 무형의 압박으로 표현한다. 형태조차 정확히 파악할 수 없는 무형의 것들이 큰 덩어리로 모여 마치 명확한 실체를 동반한 것처럼 포장되어 우리의 일상에 밀고 들어오는 힘을 가지고 있다.

조금 예민한 소비자로
남아 있어도 괜찮다

무엇이 문제냐며 밀고 들어오면 막으라는 말은, 단언컨대 이
토록 거대 패러다임에 적용 가능한 것이 아니다. 유연하게 대처
해야 하면 된다고 반박할 수도 있다. 그런데 유연함은 누구의 몫
이어야 하는가? 유연함은 어떻게 대응해야 하는가를 고민해야
할 이용자의 몫이면서, 동시에 4차 산업혁명과 같은 거대 패러다
임의 몫이기도 하다.

또한 유연함의 몫과 책임을 정의하는 것 이상으로 중요한 일이
있다. 그 순서를 올바르게 정립하는 것이다. 컴퓨터 그리고 컴퓨
터가 연산을 통해 무엇인가를 처리한다는 의미의 컴퓨팅은 스스
로 일을 하지 않는다. 지시할 뿐이다. 커뮤니케이션 학자인 닐 포
스트먼은 그의 저서 《테크노폴리》에서 다음과 같이 말하고 있다.

갖가지 기계들이 때로는 인간, 아니 초인간 행세를 하기도
한다. (중략) 다른 기계들과는 달리, 컴퓨터는 일을 하지 않는다.
일을 지시할 뿐이다. 노버트 위너에 따르면 컴퓨터는 '명령과
통제의 기술'이기에, 통제할 대상이 없으면 아무런 가치가 없

다. 컴퓨터가 관료주의의 극진한 사랑을 받는 이유가 여기에
있다.

— 《테크노폴리》, 닐 포스트먼 저, 김균 역, 궁리출판, 2005. 11., 153쪽

유연함의 1차 책임은 IT 기술을 통해 시작되고, IT 기술의 진화
를 통해 당신의 일상을 변형시키며 나아가 지시하려 하는 4차 산
업혁명에 있다. 각종 미사여구를 앞세운 채 딱딱하게 경직되어
있는 4차 산업혁명의 플레이어와 서비스가 우선 이용자 중심의
유연함을 갖춰야 한다. '이미 다가온 열린 미래'라는 명제는 '유연
한 4차 산업혁명'이라는 전제 하에 성립 가능하다. 우리는 열린
미래에 대해 열린 자세로 다가설 필요가 있다. 여기서의 열린 자
세는 열린 미래를 이프값으로 하는 것이다. 열린 자세와 유연함
이라는 일방적인 청구서에 우선 질문을 던져야 한다.

우리가 열린 자세와 유연함을 견지할 수 있도록 하기 위해 4차
산업혁명은 어떤 노력을 기울이고 있는가? 나라는 존재가 고려
되고 있는가? 이 질문에 비교적 합의 가능한 답을 얻기 전까지 당
신은 유연해질 필요가 없다.

모든 파도의 중심에 서라,
휘청거릴지라도

언젠가 오게 될
5차, 6차 산업혁명의 순간

신용카드사 모바일팀에 재직 중이던 당시, 팀장은 가끔 내게 "늘 모든 파도의 중심에 서야 한다. 힘들고 휘청거리더라도 그 중심에 편입되고, 판이 움직이는 과정에 함께해야 한다"고 말했다. 깊이 동의하는 바다. 비록 판의 꼬리가 되는 한이 있더라도, 판이 움직이는 중심에 있는 편이 그 반대의 경우보다 나을 것이라 믿는다.

그러나 판의 중심에서, 막연히 그 판이 옳은 것이라 가정하는 것은 위험하다. 나는 모든 파도의 중심에서 흐름을 이끌어가는 이들과 관련 집단을 일정 부분 경외하지만, 변화의 좋은 단면만을 부각시키는 행위를 일정 부분 경계한다.

내가 경계하는 것은 패러다임을 만들어내는 과정에서의 건너뛰기다. 필요한 것만, 유리한 것만 발라내서 전면에 내세운 채 새로운 바람을 일으키고, 그 속에서 스스로의 위치를 정립해가는 그 과정이다. 새로운 패러다임 혹은 트렌드의 좋은 단면만을 부각시키는 과정은 통상 매우 그럴 듯하고, 교묘하다. 자세히 관찰하지 않으면 마치 진리인 듯 있는 그대로를 그 어떤 저항 없이 받아들이게 된다. 제조업 혁신에 관한 문제의식이 발아시킨 4차 산업혁명은 또 다른 문제의식의 발아 자체를 원천 차단하는 모순을 갖고 있다.

3차 산업혁명 이후의 패러다임 전환은 결국 그 파도가 어디로부터 시작되는가에 있다. 언젠가 기술적 특이성을 향하는 시대를 5차 산업혁명이나 6차 산업혁명으로 이름 붙이게 되는 순간에도 이는 다르지 않을 것이다. 그러나 우리가 관찰해야 하는 것은 파도의 근원지가 아니다. 근원지야 어찌 되었든, 전략적 자산이 어디에 있든, 이러한 지식과 기술의 게임과는 상관없이 그 결과는 결국 물리적 개체인 우리에게 영향을 끼친다는 점이다. 무분별하게, 누군가에게 유리하도록 구성된 그럴 듯한 판 속에서 우리는 그 어떤 법적 구속력을 가할 수 없는 파도 속에 살아가고 있다. 지금 우리가 마주하고 있는 새로운 패러다임은 당신이 저항하기 힘든, 어쩌면 애초 저항 자체를 원천 차단한 매우 우아한 표면으로 우리를 유혹하고 있는지도 모른다.

우리가 찾는 미래는
과거에 있다

나는 미래학자가 아니다. 하지만 한 가지 사실을 알고 있다. 미래는 과거에 있다는 것이다. IT 기술과 디지털 비즈니스, 그리고 이를 통해 촉발되는 일상 변화 측면에서 보면 더욱 그렇다. 지난 몇 년간의 고민, 그리고 이 책을 집필하는 과정에서 내가 발견한 4차 산업혁명의 과거는 3차, 2차, 1차 산업혁명이 아니었다. 4차 산업혁명은 숫자의 역순대로 추적해서는 그 본질에 도달할 수 없는 것이었다. '사람'을 발견할 수 없었기 때문이다. 일상의 풍경을 변화시킨 거대 파도 속에서 '나와 당신의 이야기'를 찾기 어려웠다.

4차 산업혁명의 과거는 우리의 과거다. 안타깝게도 4차 산업혁명이 말해주지 않는, 단 한 번도 전면에 내세우지 않았던 우리의 과거다. 따라서 직접 찾아서 발견해주어야 했다. 3차 산업혁명은 온라인과 오프라인의 경계를 붕괴시켰다. 이는 4차 산업혁명 시대를 맞아 더욱 가속화되고 있다. 4차 산업혁명은 한 걸음 더 나아간다. 사람이 기술을 만드는 시대와, 기술이 사람을 만드는 시대를 넘나든다. 이 명제와 관련해 4차 산업혁명은 다음과 같이 주장한다. '모든 기술의 출발은 사람이다.' 이러한 점에서 볼 때 현재의 4차 산업혁명은 아직 미완성의 구조다. 모든 변화의 중심에는 인간이 있다는 본질에 다가설 때, 우리는 4차 산업혁명을 완성시킬 준비를 마치게 될 것이다.

참고 문헌

《기술 중독 사회》, 켄타로 토야마 저, 전성민 역, 유아이북스, 2016. 5.

《3차 산업혁명》, 제레미 리프킨 저, 안진환 역, 민음사, 2012. 5.

《클라우스 슈밥의 제4차 산업혁명》, 클라우스 슈밥 저, 송경진 역, 새로운 현재, 2016. 4.

《인간의 인간적 활용》, 노버트 위너 저, 이희은·김재영 역, 텍스트, 2011. 11.

《컨버저노믹스》, 이상문·데이비드 L. 올슨 저, 임성배 역, 위즈덤하우스, 2011. 5.

《웹 진화론 2》, 우메다 모치오 저, 이우광 역, 재인, 2008. 8.

《사물인터넷이 바꾸는 세상》, 새뮤얼 그린가드 저, 최은창 역, 한울아카 데미, 2017. 1.

《전략 PR: 핵심은 분위기다》, 혼다 데쓰야 저, 이정환 역, 나무생각, 2018. 5.

《테크노폴리》, 닐 포스트먼 저, 김균 역, 궁리출판, 2005. 11.

《굿 워크》, E. F. 슈마허 저, 박혜영 역, 느린걸음, 2011. 11.

《디지털 휴머니즘》, 재런 러니어 저, 김상현 역, 에이콘출판, 2011. 1.

세상에서 가장 쉬운 4차 산업혁명 100문 100답

초판 1쇄 발행 · 2018년 8월 5일

지은이 · 연대성
펴낸이 · 김동하
책임편집 · 양현경

펴낸곳 · 책들의정원
출판신고 · 2015년 1월 14일 제2015-000001호
주소 · (03955) 서울시 마포구 방울내로9안길 32, 2층(망원동)
문의 · (070) 7853-8600
팩스 · (02) 6020-8601
이메일 · books-garden1@naver.com
블로그 · books-garden1.blog.me

ISBN 979-11-87604-70-9 (03320)

· 이 도서의 국립중앙도서관 출판예정도서목록(CIP)은 서지정보유통지원시스템 홈페이지
  (http://seoji.nl.go.kr)와 국가자료공동목록시스템(http://www.nl.go.kr/kolisnet)에서 이용하
  실 수 있습니다. (CIP제어번호 : CIP2018022668)